Israëlische feesten, gedenkdagen en evenementen

Petra van der Zande

Kaarten en foto's: internet, tenzij anders vermeld.

Vertaling: Geja Lahpor en Niels Quakernaek

Grafische vormgeving Petra van der Zande.

Uitgegeven door TsurTsina Publications Jeruzalem, Israel.

Tenzij anders vermeld, zijn de Bijbelteksten overgenomen uit de onlineversie van de Herziene Statenvertaling uit 2010.
Voor de uitleg van de Hebreeuwse en Jiddische woorden is deze site gebruikt:
http://www.sofeer.nl

ISBN 978 965 7542-41-5

Dit boek is verkrijgbaar via:

Websites:
www.lulu.com
http://tsurtsinapublications.com
http://christinaboerma.com

Of door te schrijven naar:
Email: tsurtsinapublications@gmail.com

" En verder zegt Hij: Wees vrolijk, heidenen, met Zijn volk! En verder: Loof de Heere, alle heidenvolken, en prijs Hem, alle volken!"
Romeinen 15:10,11

Abba Kovner
(1918-1987)
Geboren in Litouwen. Deze Joods-Hebreeuwse dichter en partizanenleider werd een van de grootste dichters van het moderne Israël .

""Dit is de geschiedenis van een volk dat was verspreid over de hele wereld en toch één familie is gebleven; een natie die steeds opnieuw was veroordeeld tot vernietiging en toch uit de ruïnes opsteeg tot een nieuw leven." Abba Kovner

INTRODUCTIE

GEDENK	- Zijn wonderen - Psalm 105:5
NEEM IN ACHT	- Zijn wetten - Psalm 105:45
VERHEUG	- in Uw heil - Psalm 13:6

Er zijn verschillende goede boeken op de markt over het doel en de geestelijke betekenis van de Bijbelse feesten, en de lessen die christenen daaruit kunnen leren. Deze uitgave is een gids over de Joodse feesten, gedenkdagen en evenementen in Israël . Het geeft een uitleg waarom, wanneer en hoe deze gebeurtenissen hebben plaatsgevonden in Bijbelse tijden en hoe het vandaag in Israël gevierd wordt.

Uit alle hoeken van de aarde teruggekeerd naar het land Israël, vieren veel Joodse gemeenschappen de gebeurtenissen op hun eigen, speciale wijze. Voor deze uitgave heb ik ervoor gekozen om hoofdzakelijk de Asjkenazische gemeenschap te beschrijven.
De Hebreeuwse woorden zijn cursief geschreven. Woorden met een asterisk (*) zijn in de verklarende woordenlijst te vinden.

Simcha betekent vreugde of blijdschap. Het gebod om verheugd te zijn is een basiselement in het Joodse religieuze leven, die je kunt vinden in veel Bijbelteksten.
Deuteronomium 16:14,15 zegt: *"**Verblijd** u op uw feest, ...; daarom moet u werkelijk **blij** zijn."*
Ook: *"Mijn hart zal zich **verheugen** in Uw heil."* Psalmen 13:6 en *"dien de HEERE met **blijdschap**, kom voor Zijn aangezicht met **vrolijk** gezang."* Psalmen 100:2.

Het gebod om verheugd te zijn (*Simcha sjel mitswa*) dragen Joden door de hele geschiedenis met zich mee. Ze waren (en zijn nog steeds) verheugd om elke blijde gebeurtenis te vieren in de Joodse levenscyclus - van besnijdenis, *bar mitswa* tot huwelijk.

In 1989 kwamen mijn man Wim en ik naar Jeruzalem om als vrijwilligers te werken bij de Internationale Christelijke Ambassade in Jeruzalem. In de ruim 26 jaren dat we hier nu wonen, hebben we heel wat feesten en gebeurtenissen meegevierd die in dit boek beschreven zijn. Als niet-Jood die van Israël en het Joodse volk houdt, is het geweldig om de Bijbelse feesten te kunnen (mee) vieren. Vooral door het bijwonen van ceremonies zoals de eedaflegging van de IDF-soldaten, ervaar je dat het volk Israël werkelijk één grote familie is – de oogappel van God.

Ik hoop dat dit boek je zal helpen de Bijbelse feesten en de Joodse gedenkdagen meer te waarderen. Het leren over de cultuur van het Joodse volk zal (hopelijk) ook resulteren in een grotere liefde voor Gods Woord.

Petra van der Zande
Jeruzalem, Israël
Maart 2016

INHOUDSOPGAVE

INHOUDSOPGAVE

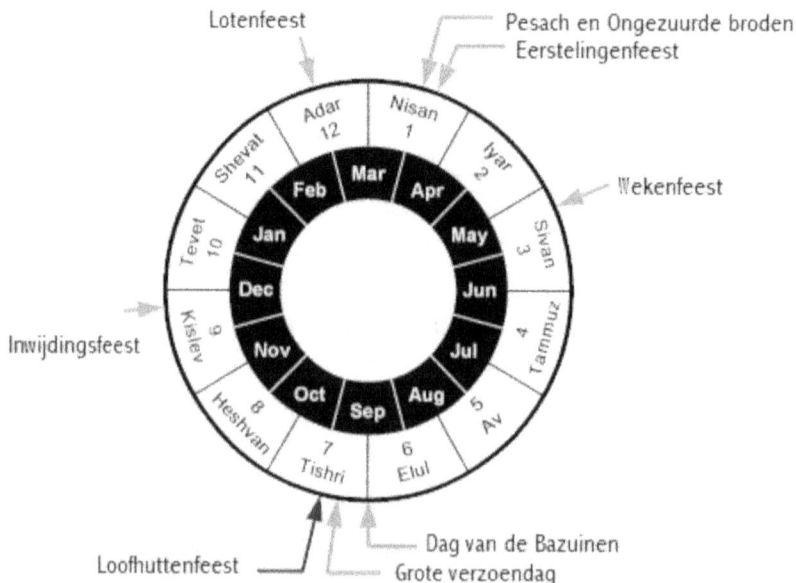

Lotenfeest

Pesach en Ongezuurde broden
Eerstelingenfeest

Wekenfeest

Inwijdingsfeest

Dag van de Bazuinen
Grote verzoendag

Loofhuttenfeest

Religieus Joods jaar: begint op de eerste van de eerste maand *nisan* (maart, april) - *Pesach*.
Burgerlijke Joods jaar: begint op de eerste van de zevende maand met Joods Nieuwjaar - tisjri (september/oktober) - *Rosj Hasjana*.

Asjkenazische en Sefardische Joden
Wat is het verschil?

Het verschil tussen Asjkenazim en Sefardim is hoofdzakelijk te vinden in hun rituele gebeden. De Sefardische gebedsgewoonten zijn terug te voeren tot het Babylonisch Jodendom, terwijl de liturgische traditie van de Asjkenazim terug te leiden is naar de Joden uit Israël.

De gebedenboeken zijn in een verschillende volgorde opgesteld en er zijn andere liturgische melodieën om de Pentateuch te lezen.

Elke gemeenschap heeft ook zijn unieke bruiloft, besnijdenis, begrafenis, feestgewoonten en tradities. De Sefardim eten tijdens Pesach bijvoorbeeld rijst; voedsel dat verboden is voor de Asjkenazim.

In Israël leven beide gemeenschappen al eeuwen naast elkaar. Tijdens het Britse Mandaat functioneerde het opperrabbinaat zowel voor de Sefardim als de Asjkenazim. En dat is vandaag nog steeds zo.

Links Opperrabijn Yona Metzger (Asjkenazi) en rechts: Opperrabijn Shlomo Amar (Sefardi)

Hoofdstuk 1

De Joodse kalender

Israël heeft twee kalenders – de Westerse (Gregoriaanse) kalender en de Joodse religieuze (maan) kalender. Omdat Joodse feestdagen de maankalender hanteren, variëren de Westerse data elk jaar. Een Joodse dag begint met zonsondergang, daarom beginnen vieringen in de avond en niet in de morgen.

Veel joden volgen de maankalender, ieder met 29 of 30 dagen. Wetenschappers geloven dat de maankalender is ontstaan uit oude nomadische kalenders en zonnejaren de uitvinding zijn van agrarische samenlevingen; de Joodse kalender combineert die twee.

Alle Bijbelse feesten (Pasen, Pinksteren en Loofhuttenfeest) beginnen wanneer het volle maan is, in het midden van de maand. Aangezien 12 maan-maanden geen compleet zonnekalender jaar vormen, zijn extra schrikkelmaanden ingevoegd in zeven jaar van een cyclus van 19 jaren. De 30-dagen maanden worden '*malè*' (vol) genoemd en de 29-dagen maanden worden '*chasèr*' genoemd (onvolkomen).

Gregoriaanse kalender - Zonnekalender
ongeveer 365 1/4 dagen
elke 4 jaar een schrikkeldag (29 februari)

Joodse Kalender- Maankalender
354 dagen (= 11 1/4 dagen minder)
elke 2 of 3 jaar een schrikkelmaand
(maart/april)

HOOFDSTUK 2

"Gedenk de sabbatdag, dat u die heiligt. Zes dagen zult u arbeiden en al uw werk doen, maar de zevende dag is de sabbat van de HEERE, uw God. Dan zult u geen enkel werk doen, u, noch uw zoon, noch uw dochter, noch uw slaaf, noch uw slavin, noch uw vee, noch uw vreemdeling die binnen uw poorten is. Want in zes dagen heeft de HEERE de hemel en de aarde gemaakt, de zee, en al wat erin is, en Hij rustte op de zevende dag. Daarom zegende de HEERE de sabbatdag, en heiligde die." Exodus 20:8-11

Sjabbat - sabbat

Sjabbat (Jiddisj: *sjabbes*) is de zevende dag van de Joodse week – een rustdag. Na zes dagen schepping, heiligde God de *Sjabbat*. Het woord komt van het Hebreeuwse *sjavat* (rust, of ophouden met werken). Het is een heilige dag (Genesis 2:1-3) en werd voor het eerst bevolen na de Exodus van Egypte. (Exodus 16:26); het is de vierde van de tien geboden (Exodus 20:8-11).
In Bijbelse tijden werd het ontheiligen van de *Sjabbat* gestraft door steniging. Alleen in geval van *pikuach nefesj* – als een mensenleven in gevaar is, kan (en moet zelfs) de *Sjabbat* worden geschonden. Iemand die zich houdt aan de geboden van de *Sjabbat* wordt een 'sjomer Sjabbat' genoemd

De Sjabbat heeft drie doelen:

◆ **Herinneren** – *jizkor* – de bevrijding uit de Egyptische slavernij
◆ **Herdenken** – *sjamor* – Gods schepping van het heelal
◆ Als een voorafschaduwing van Messiaanse tijden

Een kenmerkende Sjabbat begint op vrijdagmiddag, tussen 14.00 en 15.00 uur, als de Joden die de Sjabbat in acht nemen, van hun werk vertrekken of hun winkel sluiten en richting huis gaan. Alles is voorbereid alsof een koningin of geliefde gast wordt verwacht. Het huis is schoon, familieleden nemen een douche en kleden zich feestelijk. De tafel is gedekt met mooi serviesgoed en er is een feestelijke maaltijd klaargemaakt.

Uiterlijk 18 minuten voordat de zonsondergang begint, spreekt de vrouw des huizes een zegen uit over twee Sjabbatkaarsen:
"Gezegend bent U Heer, onze God, Koning van de wereld, die ons door Zijn geboden geheiligd heeft en die ons heeft opgedragen de lichten van de Sjabbat aan te steken. Amen."
De twee kaarsen vertegenwoordigen het gebod om de Sjabbat te herinneren (*zechor*) en heilig te houden (*sjemor*).

De mannen lopen naar de dichtstbijzijnde synagoge waar ze een korte dienst bijwonen (45 minuten). Sjabbatdiensten beginnen op vrijdagavond met de wekelijkse *Mincha**, gevolgd door 'Kabbalat Sjabbat' (letterlijk: het ontvangen van de Sjabbat) en het zingen van 'Jedid Nefesj'.

*Kabbalat Sjabbat*gebeden zijn samengesteld uit zes psalmen: 95-99 en 29, die de zes dagen van de week vertegenwoordigen.
Het gedicht 'Lecha Dodi' (kom mijn geliefde), is een verzoek van een mysterieuze 'geliefde' wat zou betekenen dat God of iemands vriend(en)

samen de '*likrat kala*' verwelkomen (de [*Sjabbats*]bruid begroeten). Tijdens het zingen van het laatste vers staat de gemeente op en wendt zich naar de open deur om de koningin van de Sjabbat te begroeten als ze komt. De dienst wordt besloten met het reciteren van Psalm 92 en 93.

Lecha Dodi, een liturgisch lied, is deel van de Kabbalat Sjabbatdienst op vrijdagmiddag. *Lecha Dodi* betekent 'kom mijn geliefde', en is een verzoek van een mysterieuze 'geliefde' wat zou betekenen dat God of iemands vriend(en) samen de Sjabbat verwelkomen, *Likrat kala* ('de [Sjabbats]bruid begroeten').

LECHA DODI

*Kom mijn vriend, de Bruid tegemoet,
brengen wij de Sjabbat onze
welkomstgroet!
Onthoud en bedenk in een enkel woord
wat onze onvergelijkbare God
ons deed horen
Adonai is Eén en Zijn naam is Eén,
roemvol, glorieus en prijzenswaardig.
Laat ons de Sjabbat welkom heten
want het is de bron van zegen
Vanaf het begin geëerd, en van oudsher
het einde van de schepping,
maar het eerst bedacht
Ontwaak, ontwaak,
want uw licht is gekomen,
sta op en geef licht!
Ontwaak! ontwaak! zing een lied:
Gods glorie is geopenbaard in jou!
Kom in vrede, bekroning van uw man
zowel in blijdschap als in vreugde
temidden van de gelovigen,
het heilige volk
Kom Bruid. Kom Bruid.*

Tijdens het zingen van het laatste vers, staat de gemeente op en wendt zich naar de open deur om de koningin van de Sjabbat te begroeten als ze komt.

Het lied is gecomponeerd in de 16e eeuw door rabbi Schlomo Halevi Alkabetz, een kabbalist uit Safed. Zoals gebruikelijk in die tijd is het lied ook een acrostichon (naamdicht): de eerste letters vormen de naam van de auteur. Veel van de woordkeuze komt uit Jesaja's profetie over Israëls herstel, en beelden Israël uit als de bruid op de grote Sjabbat als de Messias verschijnt.

Voordat de maaltijd begint, zegenen ouders hun kinderen. De vader of moeder legt zijn of haar handen op het hoofd van het kind, en zegent de jongen door te zeggen:
"Moge God je maken als Efraïm en Manasse."
Een meisje wordt gezegend met:
"Moge God je maken als Sarah, Rebecca, Rachel en Leah."
Samen worden de kinderen gezegend met:
"God zegene je en behoede je, God doet Zijn aangezicht over je lichten en zij je genadig. God verheffe Zijn aangezicht over je en geve je vrede."

De moeder wordt gezegend met Spreuken 31.

De gastheer neemt vervolgens een beker wijn en reciteert de kidoesj – een gebed over wijn – de Sjabbat heiligend met:
"Gezegend bent U Heer, onze God, heerser van het heelal Die de vrucht van de wijn heeft geschapen. Amen."

- ♦ Meer nog dan dat Israël de Sjabbat heeft gehouden, heeft de Sjabbat Israël behouden.
- ♦ De Sjabbat is het feest van de hele aarde, het is de geboortedag van de wereld.
- ♦ Als je de Sjabbat houdt, is het alsof je alle geboden hebt gehouden.
- ♦ Tijdens de Sjabbat geeft God mensen een extra ziel.
- ♦ De Sjabbat is een spiegel van de toekomende wereld.

Chalot (het Hebreeuwse meervoud van *chala*) zijn de gevlochten broden die traditioneel op Sjabbat worden gegeten. Gebruikelijk zijn er twee broden op vrijdag, God gaf de Israëlieten tijdens de uittocht een dubbele portie manna, zodat ze konden rusten op de Sjabbat. Meestal zijn de *chalot* gevlochten, als symbool van de twaalf toonbroden in de tempel (één voor elke stam) en van de eenheid van Israël. De gedekte tafel symboliseert het altaar in de tempel. Offers werden gezouten voordat ze werden gegeten, daarom wordt het brood bestrooit met zout.

De zegen over het brood:
"Gezegend bent U Heer, onze God, Koning van het heelal, Die het brood voortbrengt uit de aarde."
Iedereen krijgt een stukje brood, dat gezamenlijk wordt gegeten.

Deel van de *oneg* (vreugdevolle) Sjabbat is de drie feestelijke maaltijden (*sjalosj seoedot*). De eerste wordt gegeten op vrijdagavond, de tweede is een *Sjabbat* lunch, en de derde, een lichte maaltijd, gewoonlijk overdag, op de *Sjabbat*middag.

Na de feestelijke vrijdagavondmaaltijd wordt de de *birkat ha-mazon* (dankzegging na de maaltijd) geciteerd. In orthodoxe huishoudens bestuderen de mannen geschriften en praten ze na over de Tora voordat ze naar bed gaan. De ochtenddiensten op de Sjabbat worden gewoonlijk van 9 uur tot het middaguur gehouden. Tijdens de ochtenddienst, wordt de Torarol uit de Ark* gehaald en de wekelijkse portie wordt gelezen, gevolgd door de *haftara**. Sommige gemeenten reciteren gebeden voor de regering of het land, voor vrede en voor de staat Israël. Voordat de Torarol teruggaat in de Ark, wordt het door de synagoge gedragen. De mensen raken de Tora aan of kussen die, als deze passeert. In veel orthodoxe gemeenten houdt de rabbi (of een geleerde van de gemeente) een preek, meestal over het onderwerp van de Toralezing.

In orthodoxe families is de tweede maaltijd meestal een langzaam gekookte stoofpot – *cholent*. Sefardische Joden noemen het *chamim*. Daarna volgt nog meer Torastudie. 's Middags maken veel families een wandeling in hun *Sjabbats*kleding, of ze gaan lezen of even slapen.

De *Sjabbat* eindigt bij het vallen van de avond, als er drie sterren zichtbaar zijn – ongeveer 40 minuten na zonsondergang.

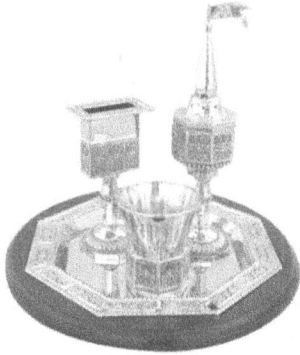

Dan is het tijd voor de *havdala** (scheiding, nieuwe indeling) ceremonie die een nieuwe week inluidt.
Een speciale gevlochten *havdala* kaars (met meerdere lonten) wordt aangestoken en een gebed wordt gereciteerd.

Het markeert de scheiding tussen de heilige *Sjabbat* en de seculiere nieuwe week die dan is begonnen. Iedereen wenst elkaar een 'Sjavoea tov' – een goede week!

De gasten aan tafel staren naar hun vingernagels (althans worden verondersteld dat te doen) die het licht van de kaars reflecteren. Specerijen, vaak bewaard in een decoratieve houder, gaan rond om de geur op te snuiven.
Bij *havdala* heb je alle vijf zintuigen nodig – om de wijn te proeven, de specerijen te ruiken, de vlam van de kaars te zien, de hitte daarvan te voelen en te luisteren naar de zegeningen van de symbolen.

Het prachtige gedicht *Jedid Nefesj* wordt toegeschreven aan de 16e -eeuwse kabbalist Rabbi Elazar ben Moshe Azikri (1533-1600).
Sommige mensen zingen het tussen het vrijdagmiddaggebed en het begin van *Kabbalat Sjabbat*. Veel Joodse families zingen dit lied ook tijdens de derde (en laatste) *Sjabbats*maaltijd voor het vallen van de avond en het begin van een nieuwe dag en week, de zondag.

JEDID NEFESJ

Geliefde van de ziel, barmhartige Vader,
Leid Uw dienaar naar Uw wil.
Dan zal uw dienaar zich haasten
als een gazelle
om te buigen voor Uw majesteit.
Voor hem zal Uw vriendschap zoeter zijn
dan de druppels van de honingraat of al
het andere wat ik proef.

Majestueuze, prachtige
uitstraling van het heelal
mijn ziel is ziek van uw liefde
Alstublieft o God,
genees haar nu
door haar het aangename
van uw uitstraling te laten zien.
Dan zal ze worden gesterkt en genezen
en eeuwige blijdschap zal haar deel zijn.

Waardige God,
moge Uw genade worden opgewekt
en heb medelijden met de zoon van Uw
geliefde, want het is al zo lang
dat ik intens heb verlangd
om de pracht van uw sterkte te zien
dit alleen wenst mijn hart,
heb daarom medelijden
en verberg Uzelf niet.

Alstublieft, openbaar Uzelf
en spreid over mij, mijn Geliefde,
de bescherming van Uw vrede
zo zullen wij ons verheugen
en blij zijn met U.
Haast U geliefde,
want de tijd is gekomen,
en toon ons genade als in dagen vanouds.

EEN SJABBATSREIS

Sjabbatspaal in Jeruzalem

Een *Sjabbat* dagreis is geen Joodse uitdrukking, maar komt oorspronkelijk van christenen.
Van oudsher baseerden de rabbijnen de regels op Jozua 3:4-5, hoe ver men was toegestaan om te reizen vanaf de stadsgrenzen.
"Wanneer u de ark van het verbond van de Heere, uw God, ziet, en de Levitische priesters die hem dragen, moet u vanaf uw plaats opbreken en hem volgen. Er moet echter een afstand zijn tussen u en de ark van ongeveer tweeduizend el lengte..."

De rabbijnen concludeerden dat 'plaats' betekende stad, en daarom was het acceptabel om 2000 el buiten de stadsgrenzen te reizen op *Sjabbat*.

Sjabbatspaal aan de Amstel in Amsterdam

De farizeeën hadden een andere interpretatie, en stonden een reis toe van 4000 el op de *Sjabbat*, maar dan zou men ook terug moeten reizen en daarom stonden zij 8.000 el toe als standaard.
De (standaard) *mitswa** #321 stelt dat het maximum bereik om te lopen van je stad tot 2000 el (3.049.5 voet, 0.596 mijl (960 meter) is. [Deze afmeting begint echter 70 2/3 el (112.24 voet) vanaf de stadsgrenzen]. Praktisch gezien betekent dit dat je geen rechte lijn mag lopen die meer is dan .598 mijl (3161.74 voet) in elke richting buiten de stadsgrenzen.

DE *SJABBESGOJ*

Een *Sjabbesgoj* (Jiddisj) of Hebreeuws, *goj sjel Sjabbat* is een niet-Jood die bepaalde soorten werk verricht voor een Jood op de *Sjabbat,* die volgens de Joodse wet (*Halacha**) zijn verboden om uit te voeren.
'*Goj*' in Bijbels Hebreeuws betekent letterlijk 'Een volk', maar het wordt hoofdzakelijk gebruikt om een niet-Jood te typeren.
Omdat een Jood het recht van een niet-Jood om op zondag te rusten moet respecteren, mag hij niet expliciet aan hem vragen werk te verrichten wat verboden is voor het Joodse volk. Doordat van een niet-Jood niet verwacht wordt dat hij de *Sjabbat* houdt, kan hij uit vrije wil taken uitvoeren die voor een Jood op die dag verboden zijn.
Zonder het expliciet te vragen laten religieuze Joden doorschemeren dat er iets moet gebeuren, b.v. een lamp uitdoen, of het gas uitdraaien. Zulke gevallen worden beschouwd als legitiem in de meeste Joodse gemeenschappen.

Voor de 20e eeuw was het normaal dat veel gezinnen een *Sjabbesgoj* hadden die op vrijdagavond de kaarsen of olielampen doofden en op *Sjabbat*morgen het fornuis of de kachel aanstaken.
Een *Sjabbasgoja* was vaak een arme vrouw die werd betaald met een stuk chala of 10 cent.

Zelfs vandaag nog wordt in veel Orthodox-Joodse gemeenschappen een niet-Joodse werker ingehuurd om bepaalde verrichtingen te doen op de Sjabbat. Als een leven in gevaar is (*pikuach nefesj*) hoeft de hulp van een *Sjabbesgoj* niet worden ingeroepen. Religieuze Joodse artsen die op Sjabbat werken laten het papierwerk over aan de *Sjabbesgoj*.

Sommige ultraorthodoxe huishoudens, synagogen en buurtschappen hebben hun 'eigen' *Sjabbesgoj.*

Abu Ali, een hedendaagse *Sjabbesgoj* in Jeruzalem

Van zonsondergang op vrijdag tot zonsondergang op zaterdag dient Abu Ali (bijnaam) de ultraorthodoxe Joodse gemeenschap van Jeruzalem als een *Sjabbesgoj.*
De 55 jaar oude moslim zet airconditioners aan als het heet is, en als iemand vergeet zijn licht uit te doen, draait hij ze uit. Wanneer een zekering kapot is, komt hij naar het huis om hem te vervangen. Elke *Sjabbat* moet hij één of meer vrouwen naar het ziekenhuis rijden die moeten bevallen.

Abu Ali's moslim vrienden en buren weten niet wat voor werk hij doet op *Sjabbat.* Hij is wat dat betreft een afwijkende moslim die orthodoxe Joden helpt in een stad waar de twee culturen vaker botsen dan contact met elkaar hebben. Op *Sjabbat* voelt hij zich als een koning in de ultraorthodoxe gemeenschap. Iedereen kent hem en heeft hem nodig. Niettemin keert hij na de rustdag terug als 'onbekende' moslim. Hij neemt het maar zoals het komt.

In de begindagen van zijn 'carrière' als *Sjabbesgoj* hielp Abu Ali op de afdeling spoedeisende hulp van een ziekenhuis in de buurt. Toen dat gesloten werd, en zijn taak als *Sjabbesgoj* begon, maakte hij het zichzelf comfortabel in zijn 'eigen' onderkomen. Het had een plastic stoel en een kleine koelkast gevuld met frisdrank. Op de deur hangt een lichtgevend papier met daarop in grote zwarte Hebreeuwse letters: *Sjabbesgoj.*

Omdat orthodoxe Joden niet om hulp mogen vragen, werd een speciale code ontworpen. Als men tegen Abu Ali zegt, 'het is erg heet vandaag', dan weet hij dat ze willen dat hij de airconditioner aanzet. 'Het is donker' betekent dat hij het licht aan moet doen, of een zekering moet vervangen.

Abu Ali werkt niet voor niets. Hij berekent zo'n 9 euro per hulpaanvraag en iemand met spoed naar een ziekenhuis brengen 'kost' rond de 28 euro.
Ultraorthodoxe families 'betalen' Abu Ali door geld in een doos te stoppen die buiten de buurtsynagoge staat.
Na de *Sjabbat*, uiteraard!

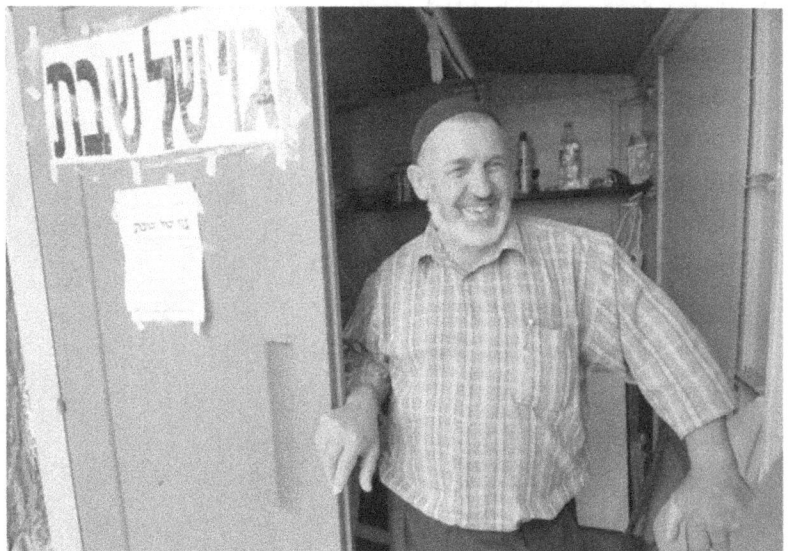

"Ik heb de weg van geloof gekozen."
Het geloof in de Ene God en de heiligheid van het menselijk leven, zijn de hoogste waarden van de Joodse religie. De Tora en zijn geboden omvatten de totale levenservaring van mensen. Na de verwoesting van de tweede tempel neemt de synagoge de plaats in van de Joodse continuïteit.

Abba Kovner

Een synagoge is een Joods of Samaritaans huis van gebed:
Grieks: *synagogē* (samenkomen)
Septuagint: *kahal* (samenkomen)
Modern Hebreeuws: *beet knesset* (huis van samenkomst) of *beet tefiela* (huis van gebed)
Jiddisj: *sjoel (*van het Duitse *schule* – school)
Ladino: *esnoga*
Perzische en Karaitische Joden: *kenesa* (Aramees)
Arabisch: *knis*
Reform- en conservatieve Joden: tempel

DE SYNAGOGE

"...U zuilt de HEERE, uw God, lief te hebben en Hem te dienen met heel uw hart en met heel uw ziel." Deuteronomium 11:13

"Welke dienst wordt verricht met het hart?" Vraagt de Talmoed. "Dit is het gebed".
Gebeden worden daarom aangeduid als *Avoda sjebalev* (het dienen dat in het hart is).

Uitspraken over gebed:

◊ Als je bidt, sla je ogen neer en hef je harten omhoog.
◊ Laten degenen die het Hebreeuws niet kennen, de gebeden leren in hun eigen dagelijkse taal, aangezien gebed begrepen moet worden.
◊ Als het hart niet weet wat de mond zegt, is het geen gebed.
◊ Het gebed van een arme man breekt door elke barrière en baant zijn weg naar de tegenwoordigheid van de Almachtige.
◊ De poorten van het gebed zijn nooit gesloten.
◊ Gebed is spreken met God.

Tefila; Jiddisj: *davenen** (bidden) zijn recitaties die gevonden kunnen worden in de Sidoer, het traditionele Joodse gebedenboek.

Diverse gebeden worden opgezegd na het opstaan en als de *talliet katan** (een rechthoekig kledingstuk met *tsietsiet**) is aangetrokken. Zegeningen worden uitgesproken bij het aantrekken van de *talliet** (grote gebedssjaal) voor en tijdens de gebedsdienst in de synagoge, en de *tefilien** (gebedsriemen).

Lezingen uit de Tora* (vijf boeken van Mozes) en de *Neviïem** (Profeten) maken deel uit van de gebedsdiensten. Gemeenschappelijk gebed met een *minjan* (10 Joodse mannen) heeft de voorkeur omdat dit meerdere gebeden toestaat, die anders bij individueel gebed moeten worden weggelaten.

Dagelijkse gebedsdiensten:

◊ **Sjachariet** (in Hebreeuws *Sjachar* – ochtendlicht)

◊ **Mincha** (middaggebeden afgeleid van het spijsoffer dat offers begeleidt in de tempel in Jerusalem). De tijd hiervoor is: een half uur na (*halachisch*) de middag tot 2,5 uur voor het vallen van de avond). Je wordt geacht alle gebeden voor zonsondergang te hebben gedaan.

◊ **Maáriv/Arvit** (avondgebeden) bij het vallen van de avond. Op een werkdag worden de middag- en de avondgebeden na elkaar uitgesproken zodat de mannen niet twee keer naar de synagoge hoeven te komen.

Extra gebeden:

◊ **Moesaf** (extra) uitgesproken door orthodoxe en conservatieve gemeenschappen op Sjabbat, hoofdzakelijk Joodse feestdagen (inclusief *Chol Hamoëd** en *Rosh chodesj**).

◊ **Neïla** (afsluiting) is de vijfde gebedsdienst die alleen op *Jom Kipoer* wordt uitgesproken.

De meeste synagogen hebben een *hechal**, een grote zaal voor gebed (het belangrijkste heilige vertrek). Meestal zijn er ook kleinere kamers voor studie, soms een zaal voor gelegenheden, en kantoren voor administratie. Sommige synagogen hebben een aparte kamer voor een *beet midrasj** (ruimte voor Tora studie).

Een gemeenschappelijke Joodse Godsdienstoefening kan gehouden worden als er een *minjan** (tien Joodse mannen) samen zijn. Maar een godsdienstplicht kan ook alleen, of met minder dan tien mensen vervuld worden. Orthodoxe synagogen hebben een *mechietsa** (afscheiding) die de zitplaatsen van mannen en vrouwen scheiden, of de vrouwen zitten op het balkon.

In de afgelopen 2000 jaar zijn variaties ontstaan tussen de traditionele liturgische gebruiken van verschillende Joodse gemeenschappen, zoals de Asjkenazische, Sefardische, Jemenitische, chassidische en andere Joodse groepen. Het merendeel van de Joodse liturgie wordt gezongen of opgezegd in traditionele melodieën of voordrachten.

Een professionele of leek-*chazan* (voorzanger) leidt vaak de gebedsdienst, in het bijzonder op Sjabbat of op feestdagen.

Volgens de Talmoed is het Bijbelse gebod om te bidden bedoeld om de dagelijkse offers in de tempel in Jeruzalem in herinnering te brengen. De aartsvader Abraham heeft het morgengebed ingesteld, Izaäk het middaggebed, en Jacob het avondgebed.

Vanuit de Bijbel weten we dat koning David en de profeet Daniël drie keer per dag baden.

> ***"'s Avonds, en 's morgens, en 's middags zal ik klagen en kermen, en Hij zal mijn stem horen." Psalmen 55:18***
>
> *" ... open vensters in de richting van Jeruzalem. Op drie tijdstippen per dag ging hij op zijn knieën, bad hij en dankte hij voor het aangezicht van zijn God, precies zoals hij voordien had gedaan."*
> **Daniel 6:11**

De *Halacha** (Joodse wet) eist dat Joodse mannen drie keer per dag bidden; vier keer op de Sjabbat en op de meeste Joodse feestdagen, en vijf keer op Jom Kipoer.
Orthodox-Joodse vrouwen zijn verplicht om minstens één keer per dag te bidden, zonder dat ze zich hoeven te houden aan een specifieke tijd. Vanwege de voortdurende cyclus van zwangerschap, bevalling en verzorging (vaak vanaf jonge leeftijd), worden vrouwen vrijgesteld van bijna alle, aan tijd gebonden, specifieke geboden.

Hoewel alle individuele gebeden en de meerderheid van de gemeenschappelijke gebeden beschikbaar zijn in de lokale taal, maken de meeste Asjkenazische orthodoxe synagogen gebruik van Hebreeuwse gebeden.
Sefardische gemeenschappen doen dat vaak nog in het Ladino of Portugees, terwijl conservatieve en reform synagogen meestal de plaatselijke taal gebruiken.

Orthodoxe Joden accepteren alleen een *minjan* van mannen voor de gebeden. Conservatieve synagogen staan ook toe dat vrouwen daaraan meedoen en hebben zelfs vrouwelijke rabbijnen en voorzangers.

In de meeste synagogen wordt het als een teken van respect beschouwd dat Joodse (en niet-Joodse) mannen een hoofdbedekking dragen zoals een hoed of een *kipa**. Getrouwde vrouwen bedekken hun haar met een pruik, een sjaal, een hoed, of een combinatie daarvan.

Een *talliet* (gebedssjaal) wordt traditioneel gedragen tijdens alle ochtenddiensten, met *alija**, voor de Tora en ook bij de *Kol Nidree** dienst van Jom Kipoer.
Tijdens de middag en de avonddiensten draagt alleen de *chazan* een talliet.

*Tefilien (*gebedsriemen) worden door orthodoxe mannen alleen tijdens doordeweekse ochtendgebeden gedragen.
Conservatieve synagogen staan ook vrouwen toe de tefilien te leggen.

Verschillende gebeden:

- *Birkot hasjachar (*ochtend zegeningen)
- *Pesoekei D'Zimrah* (lofprijzingen: Psalm 100 en 145-150)
- *Barchoe* (formele algemene oproep tot gebed; inclusief recitatie van het Sjema)
- *Amida of Sjemone-Esree* (een serie van 19 zegeningen)
- *Tachanoen* (smekingen)
- *Sjema Jisrael* (Hoor, O Israël, uit Deuteronomium 6:4 v.v.)
- Priesterlijke Zegeningen (Numeri 6:24-26)
- *Aleinoe*
- *Kaddisj* (rouwgebed)
- *Oeva letzion* (en [een verlosser] zal komen in Sion)
- Afsluitend gebed voordat men de synagoge verlaat.

Sjemone-esree (18/ nu 19 zegeningen), ook wel genoemd de *Amida* (staand gebed), wordt traditioneel toegeschreven aan de Grote Inzameling in de tijd van Ezra. De 18 doordeweekse gebeden (achttiengebed) *Amida* werden vastgelegd tegen het einde van de Tweede Tempel periode. Tijdens de middeleeuwen werden de teksten van de gebeden opgesteld in de vorm waarin ze vandaag nog steeds worden gebruikt.

Avinoe Malkenoe zijn de openingswoorden en het refrein van een oud Joods gebed dat deel uitmaakt van de synagoge-liturgie van de Joodse feestdagen *Rosj Hasjana* (Joods Nieuwjaar) en *Jom Kipoer* (Grote Verzoendag) maar nooit op Tisja Beav. Met name de laatste regel is erg bekend en wordt ook afzonderlijk gezongen:
"Avinoe Malkenoe, choneenoe wa'aneenoe kie één banoe ma'asiem, asé iemanoe tsedaka wachesed wehosjie'eenoe."

"Onze Vader, onze Koning, wees ons genadig, verhoor ons, wij hebben geen daden waarop wij ons beroepen kunnen, maar toch, laat uw recht, dat U spreekt over ons, de mildheid kennen van uw trouw, ja, wil ons helpen."

Haftara*
Dit is een tekst die gekozen is uit de *Neviiem* (profetische boeken) die in het openbaar in de synagoge wordt gelezen na het lezen uit de Tora, op iedere *Sjabbat* en ook op Joodse feesten en vastendagen.

Ketoevim*
Poëtische Boeken: Psalmen, Spreuken, Job
Vijf *Megillot* (rollen): Hooglied, Ruth, Klaagliederen, Prediker, Esther
Andere: Daniël, Ezra – Nehemia, Kronieken

Neviiem *
Neviiem (Profeten) is de tweede van de drie belangrijkste delen in de Hebreeuwse Bijbel, de Tenach. Het staat tussen de Tora (onderwijzingen) en de *Ketoevim* (geschriften) in. De Profeten zijn van oudsher verdeeld in twee gedeelten: de Vroege Profeten ofwel *Neviiem Risjoniem,* die de geschiedenisboeken van Jozua tot Koningen inhouden. Latere Profeten (*Neviiem Acharoniem*) hebben meestal profetieën in de vorm van Bijbelse poëzie.

Neviiem Risjoniem: Jozua, Richteren, Samuel, Koningen, Jesaja, Jeremia, Ezechiël
Neviiem Acharoniem: Hosea, Joël, Amos, Jona, Obadja, Micha, Nahum, Habakuk, Zefanja, Haggaï, Zacharia, Maleachi

Het **Adon Olam** is een veelgebruikt Joods gebed dat in sommige synagogen aan de sluiting van het *sjabbat*-ochtendgebed gezongen wordt.

Fonetisch:

Adon olam asjér malach Betérem kol jetsir niwra
Leët naäsa becheftso kol Azai melech sjemo nikra
Weacharee kichlot hakol Lewado jimloch nora
Wahoe haja, wehoe hoveh Wehoe jihejeh be-tifara
Wehoe echad we-en sjeni lehamsjil lo lehach-bira
Beli resjit, beli tachlit Welo haoz wehamisra
Wehoe èli wechai goali Wetsoer chewli beët tsara
Wehoe nisi oemanos li Menat kosi bejom ekra
Bejado afkid roechi beët isjan wèaira
Weìm roechi gewiati Adonai li welo ira.

Vertaling:

De Heer van tijd en ruimte, die Koning was
voor enig schepsel was geschapen
toen door zijn wil alles ontstond,
toen reeds heette Hij Koning.
Als alles zal ophouden te bestaan,
zal Hij toch in eenzaamheid
de Ontzagwekkende Koning blijven.
Hij was, Hij is, en Hij zal zijn in luister.
Hij is een, er is geen tweede
die aan Hem gelijk is.
Hij is zonder begin en zonder einde,
Aan Hem is de macht en de heerschappij.
Hij is mijn God, waarlijk mijn Redder,
Een rots bij verdriet in moeilijke tijden.
Hij wijst mij de weg, Hij is mijn schuilplaats,
Hij troost mij, als ik Hem roep.
Aan Zijn hand vertrouw ik mijn ziel toe
Als ik ga slapen, en als ik ontwaak;
en met mijn ziel mijn lichaam ook.
Mijn God is bij mij, ik heb geen vrees.

TALLIET - GEBEDSSJAAL

"Aan de vier hoeken van het boven-kleed waarin u zich hult, moet u voor uzelf kwastjes maken."
Deuteronomium 22:12

Een *talliet* is een Joodse gebedssjaal, die tijdens de ochtendgebeden over de bovenkleding wordt gedragen. Aan de vier hoeken zijn *tsietsiet** bevestigd, dit zijn speciale gevlochten en geknoopte franjes.
Het Aramese woord talliet komt van de stam *"tll"*, wat bedekking, mantel of kleed betekent. Vanaf de Talmoedische tijd tot nu toe, heeft het woord betrekking op de gebedssjaal.

Een traditionele talliet is gemaakt van wol, maar kan van allerlei materiaal zijn gemaakt, maar nooit in de combinatie van wol en linnen. Het wordt vaak gegeven aan een zoon voor zijn bar mitswa of aan een bruidegom als een huwelijksgeschenk.

Het gebruik van de talliet gaat terug rond 1800 voor Christus, maar het ontwerp was toen anders dan wat we vandaag kennen.

"Spreek tot de Israëlieten en zeg tegen hen dat zij voor zichzelf, al hun generaties door, kwastjes moeten maken aan de hoeken van hun kleren. Aan de kwastjes aan de hoek moeten zij een blauw purperen draad bevestigen." Numeri 15:38

Techelet is hemelsblauwe kleurstof die de Joden bevolen waren te gebruiken voor de tsietsiet. Toen de specifieke, zeer kostbare verf niet meer verkrijgbaar was, droeg met witte *tsietsiot.* Een paar jaar geleden vond men weer de slak die het blauw, de *techelet* produceert. Dit wordt gezien als een teken dat de Messias spoedig komt!

Het dragen van *tsietsiet* helpt Joden te herinneren aan hun religieuze verplichtingen; en herinnert hen aan de Exodus uit Egypte (zie Numeri 15:40). Orthodoxe Joden dragen altijd een *talliet katan* (kleine talliet) – een poncho-achtig kledingstuk onder hun kleding. Het heeft een opening voor het hoofd en tsietsiet aan de vier hoeken. Een *talliet katan* is meestal van wol of katoen.

De gebedssjaal, de *talliet gadol,* wordt door mannen over de schouder gedragen tijdens het ochtendgebed. Tegenwoordig zijn sommige tallitot gemaakt van polyester of katoen. Ze kunnen allerlei kleuren hebben maar de hoofdkleur is wit en zwart, met blauw of witte strepen langs de rand.

Terwijl het *Sjema* wordt opgezegd, is het gebruikelijk om elke keer als het woord genoemd wordt, de *tsietsiet* te kussen.

*Tefilien (*gebedsriemen) zijn twee kleine vierkante zwarte leren doosjes met de letter *sjien,* die vier Bijbelse passages bevatten. Deze worden gedragen door mannelijke Joden vanaf dertien jaar.

Omwikkeld om de linkerarm en op het hoofd, wordt de tefilien gebruikt tijdens de wekelijkse ochtenddiensten in de synagoge. De hoofdband wordt vastgebonden met een knoop in de vorm van een *dalet,* terwijl het aan de arm vastgebonden is in de vorm van een *joed.* Samen met de *sjien* op het doosje, vormt het *shin-dalet-yud (Shaddaj)*, een van de namen van God.

Het gebod om de tefilien om te doen is te vinden in Exodus 13:1-10; 11-16 en Deuteronomium 6:4-9; 13-21.
Tefilien herinnert een Joodse man eraan dat hij gebonden is om God te dienen met hart, ziel en lichaam.

HAARBEDEKKING EN DRESS CODE

De Bijbel noemt haar een sieraad, die het uiterlijk van een vrouw mooier maakt. In Bijbelse tijden moest een verloofde vrouw het haar en het gezicht bedekken met een sluier. Door haar af te knippen werd zij onaantrekkelijk gemaakt. Deuteronomium 21:12 vermeldt de wetten van een krijgsgevangen vrouw. Sommige geleerden suggereren dat het afknippen van het vrouwenhaar waarschijnlijk gebeurde om haar minder aantrekkelijk te maken voor degene die haar gevangen hield. Misschien hoopte men dat als aan het eind van de maand zijn passie bekoeld was, hij de gevangene vrij zou laten, in plaats van haar als zijn vrouw op te eisen.

Chatam Sofer (1762-1839), een toonaangevende rabbijnse geleerde en traditionalist, stelde de wet in dat vrouwen het haar moesten afknippen na haar huwelijk. Dit gebruik werd gangbaar in centraal Europa en in het bijzonder in Hongarije. Hoewel veel rabbijnen ertegen waren, bleef deze gewoonte bestaan in een aantal gemeenschappen.

Haarbedekking van de vrouw
In Bijbelse tijden werd de bedekking van het haar als een overgang gezien van meisje naar vrouw. De vrouw werd ontoegankelijk en niet meer beschikbaar voor iedereen, behalve voor haar man. Buitenshuis, of in gemengd gezelschap, moest zij een sluier dragen.
Volgens de Misjna gedroeg een vrouw die met onbedekt haar ergens naar toe ging zich onacceptabel.

Rond de middeleeuwen was de religieuze verplichting om het haar te bedekken stevig geworteld onder vrouwen van alle geloven: Joodse, Christelijke en moslimvrouwen.

Van sluier naar pruik
In de 16e eeuw werd het in Frankrijk mode om pruiken te dragen, ook in de Joodse gemeenschap. In eerste instantie werd dit door rabbijnen voorgeschreven en de trend algemeen opgevolgd. Onder de vrome Joodse gemeenschappen creëerde dit een opschudding. Sommige vrouwen geloofden dat alleen een pruik genoeg was, terwijl anderen een pruik droegen met een extra hoofdbedekking. Op haar trouwdag krijgt een vrouw een unieke relatie met haar man. Het Jodendom ziet het haar van een vrouw als een zinnelijk en persoonlijk deel van haar verschijning. Door het haar te bedekken toont de vrouw haar exclusieve toewijding, haar liefde voor haar man, en haar unieke connectie met haar man.

Wanneer een vrouw in Bijbelse tijden door haar man beschuldigd werd van overspel, moest ze voor de priester verschijnen. Onderdeel van de vernedering die voorafging aan de gebeurtenis, was het publiekelijk onbedekte of niet gevlochten haar van de vrouw (Numeri 5:18). Hieruit concludeert de Talmoed dat onder normale omstandigheden haarbedekking een bijbels vereiste is voor vrouwen.
Van een religieuze getrouwde vrouw wordt verwacht dat ze het haar bedekt, zelfs op een publieke plaats waar geen mannen zijn. Veel religieuze vrouwen beschouwen hun haarbedekking als een essentiële en onderscheidende uitdrukking van hun godsdienstige overtuiging.

Duits-Joodse vrouw in de middeleeuwen

Verschillende typen haarbedekking

◊ *sjeitel* (pruik)
◊ Haarnetje
◊ *mietpachat* (in Hebreeuws: sjaal) of *tiechel* (Jiddisj)
◊ hoed of baret

Sjeitel (Jiddish- waarschijnlijk afgeleid van het Duits *Scheitel*); Nederlands: schedel; Hebreeuws: *Peja*

Orthodox-Joodse getrouwde vrouwen zijn door de Joodse wet verplicht om hun haar te bedekken. Dit gebruik is onderdeel van de ingetogen dracht, en wordt standaard *tsenioet** genoemd. Sommige Harediem (ultraorthodoxe) vrouwen bedekken hun haar met een pruik en een extra hoed of baret.

Traditionele *sjeitels* zijn bevestigd met een rekbaar haarnet en zijn vaak ontworpen met een zware pony om de haarlijn van de draagster te verbloemen. Speciaal ontworpen pruiken die eruitzien alsof ze echt zijn winnen aan populariteit. Als een orthodoxe vrouwen een pruik koopt kijkt ze naar een kosjer certificaat. Dit bewijst dat het haar niet afkomstig is van een Indiase Hindoetempel, waar vrouwen hun haar laten afknippen en aan de afgoden offeren. Het dragen van een halflange pruik neemt toe in de modern-orthodoxe gemeenschappen, maar vaak wel met een hoedje of haarband.

De meeste chassidische sekten verbieden vrouwen een *sjeitel* te dragen omdat het de indruk kan geven dat het hoofd van de draagster onbedekt is.

Vrouwen die bij de Toldos (Toldot) Aharon behoren scheren vaak hun hoofd kaal en bedekken die met een (zwarte) hoofddoek. De sterke antizionistische chassidische beweging is hoofdzakelijk gevestigd in de wijk Mea Shearim.

De meeste ongetrouwde Haredi meisjes dragen hun haar in een eenvoudige paardenstaart, terwijl die van de Toldot Aharon hun haar in twee vlechten hebben.

Sefardische getrouwde vrouwen en degenen die Nationaal Religieus zijn, dragen geen pruik.
Volgens hun rabbijnen zijn een hoed of tichel (*mitpachat)* bescheiden genoeg.
Tichels (hoofddoeken) kunnen variëren van een simpele, effen kleur katoenen vierkanten doek met een eenvoudige knoop van achteren tot een uitgebreide *mitpachat* met meerdere stoffen. Deze zijn zowel modieus als bescheiden.

Orthodox-Joodse dresscode

Het orthodoxe Jodendom vereist dat zowel mannen als vrouwen zich degelijk en bescheiden kleden.

MANNEN:

In Haredi (ultraorthodoxe) gemeenschappen dragen mannen in het algemeen lange pantalons en overhemden met lange mouwen. Terwijl modern-orthodoxe mannen soms korte broeken en overhemden of shirts met korte mouwen dragen, zullen Haredi mannen zoiets nooit doen.

Sandalen zonder sokken (behalve in de synagoge), wordt gewoonlijk geaccepteerd als dagelijkse kleding in modern-orthodoxe en Israëlische religieuze Zionistische gemeenschappen. Asjkenazische Harediem mogen sandalen dragen maar dan wel met sokken. Sefardische Haredi gemeenschappen accepteren sandalen zowel binnen als buiten de synagoge.

VROUWEN:

Orthodoxe vrouwen dragen shirts met lange mouwen (vaak met een los vest erover), en rokken tot over de knieën. Haredi vrouwen vermijden rokken met splitten en opvallende kleuren zoals felrood.

Foto: Mercy Gaynoor

De meesten dragen dichte schoenen en kousen – de toegestane dikte hangt af van welke gemeenschap ze zijn. Moderne orthodoxe vrouwen dragen meestal shirts of blouses die het sleutelbeen bedekken en driekwart mouwen; rokken meestal over de knie of lange rokken. Sommige vrouwen dragen broeken.

Veel religieuze Joden geloven dat de manier waarop iemand zich kleedt in de synagoge en in het openbaar, gelijk zou moeten zijn aan de kleren die je draagt als je een staatshoofd of hooggeplaatste regeringsautoriteit ontmoet.

Gedragscode

In het orthodoxe Jodendom is het niet toegestaan dat mannen en vrouwen die geen relatie met elkaar hebben, elkaar aanraken. (Een snelle handdruk bij een zakelijke ontmoeting is soms toegestaan). Het niet aanraken van de andere sexe wordt *sjemirat negia* genoemd. Ouders, kinderen, grootouders en kleinkinderen vallen niet onder deze categorie; ook de echtgenote niet, behalve als ze *nida** is (ritueel onrein tijdens en na haar menstruatie).

Het wordt ongetrouwde orthodoxe mannen en vrouwen niet toegestaan om op een afgelegen locatie (*jichoed**), in een kamer of in een omgeving die privé is en waar niemand anders wordt verwacht, samen te komen. Dit is om mogelijke ongeoorloofde seksuele relaties te voorkomen.

Om deze reden laat men de deur op een kier staan tijdens een bespreking, of zorgt men dat er meer mensen aanwezig zijn in dezelfde ruimte.

Oorspronkelijk was dit gebod alleen van toepassing voor getrouwde vrouwen die alleen waren met een man die niet in relatie tot haar stond. Nadat Amnon Tamar, de zus van Absalom verkrachtte, werd het verbod alsnog uitgebreid tot alleenstaande vrouwen.

Hoofdstuk 3

ROSJ CHODESJ (Nieuwe Maand)

" En op de dag van uw blijdschap, op uw feestdagen en aan het begin van uw maanden moet u ook op de trompetten blazen, bij uw brandoffers en bij uw dankoffers. Ze dienen u tot gedachtenis voor het aangezicht van uw God. Ik ben de HEERE, uw God." Numeri 10:10

Rosj chodesj (letterlijk: 'hoofd van de maand') is de naam voor de eerste dag van elke maand op de Hebreeuwse kalender, gekenmerkt door de dag en het uur dat de nieuwe maan is waargenomen. Beschouwd als een kleine vakantie, verwijst het naar *chol hamoëed* *, de tussenliggende dagen van Pesach en Sukkot.

De Hebreeuwse kalender werd vastgesteld toen de Israëlieten nog in Egypte waren:

"De HEERE zei tegen Mozes en tegen Aäron in het land Egypte: "Deze maand zal voor u het begin van de maanden zijn. Hij zal voor u de eerste zijn van de maanden van het jaar."
Exodus 12: 1,2

Zowel de nieuwe maan als de volle maan worden genoemd in Psalm 81:3.

In de oudheid werd een maand bepaald door waarnemers die 's nachts naar tekenen van de maan keken. Zodra er iets van de maan te zien was werd het direct gerapporteerd aan het Sanhedrin (het hooggerechtshof en de hoge raad in het oude Jeruzalem). De Joodse leiders vroegen dan waar de maan aan de hemel was verschenen en welke richting hij op wees. Indien twee onafhankelijke, betrouwbare ooggetuigen bevestigden dat de nieuwe maan was verschenen en dat nauwkeurig wisten te be-

schrijven, stelde het Sanhedrin de nieuwe maand vast. Boodschappers vertrokken om door te geven dat de nieuwe maand was begonnen. Door middel van vuren die op hoge heuvels werden ontstoken wisten ook verafgelegen gemeenschappen van de nieuwe maand. Zij, op hun beurt, vertelden het nieuws weer aan anderen.

Rosj chodesj, een belangrijke feestdag, werd bekendgemaakt door het blazen van de sjofar*. Men hield samenkomsten, familiefeesten en er waren speciale offers. In de oudheid waren de jaarlijkse festivals en feesten afhankelijk van deze aankondigingen.
Na de verwoesting van de tempel, toen men niet langer over offers kon beschikken, nam de betekenis van *rosj chodesj* af.
De hedendaagse Joodse kalender werd in de tijd van Hillel II geïntroduceerd (358/9 na Christus). Astronomische berekeningen vervingen de praktijk van het horen van getuigen voor het Sanhedrin. Op basis van wetenschappelijke berekeningen was het nu mogelijk om de juiste Joodse kalender vast te stellen.

Tegenwoordig wordt *rosj chodesj* publiekelijk aangekondigd op de voorafgaande Sjabbat, behalve in de maand van *rosj hasjana* (het Joodse nieuwjaar).

Omdat er een speciale zegen wordt uitgesproken tijdens de Tora-dienst, wordt deze dag de *Sjabbat Mevarechim* genoemd (De *Sjabbat* van de zegen).

Tijdens de avonddienst van *rosj chodesj* wordt er een gebed toegevoegd voor het herstel van de tempel. De volgende morgen wordt het gebed opnieuw opgezegd, samen de hele of een deel van de Hallel (Psalm 113-118). Ook wordt Numeri 28:1-15 gelezen. De *Moesaf* is een toegevoegde gebedsdienst die de oorspronkelijke offers in de tempel gedenkt. Na de dienst wordt door velen Psalm 104 uitgesproken.

Het is gebruikelijk om een speciale maaltijd te eten ter ere van *rosj chodesj*.
De *kidoesj levana** (heiliging van de maan) wordt speciaal gereciteerd op de eerste zaterdagavond na *rosj chodesj*.

In de Talmoed worden vrouwen op *rosj chodesj* vrijgesteld van werk. Rasji (1040-1105 na Christus), de beroemde Joodse geleerde, beschreef de werkzaamheden waar ze zich van mochten onthouden: spinnen, weven en naaien. Deze activiteiten werden door vrouwen gedaan toen de *misjkan* (tabernakel) gereed werd gemaakt. Rosh chodesj werd lang beschouwd als een vrouwenvakantie. Vanwege het bijzondere karakter van deze dag is het gebruikelijk om op deze dag nieuwe kleren te dragen.

Vrouwen bidden bij Tel Sjilo, waar de Tabernakel heeft gestaan.

HOOFDSTUK 4

PESACH - PASCHA

> *"Deze dag moet voor u een gedenkdag worden. U moet hem vieren als een feest voor de HEERE. ...Daarom moet u deze dag in acht nemen als een eeuwige verordening, al uw generaties door." Exodus 12:14-17*

Pesach, Pascha, de eerste van de drie Joodse pelgrimsfeesten wordt altijd gevierd op de 14e dag van de Hebreeuwse maand *nisan**. Deze dag markeert het begin van het Bijbelse nieuwe jaar. De datum bepaalde vroeger ook de lengte van een regeerperiode van een koning.

Met Pascha gedenkt men de Exodus van Egypte, toen God de Israëlieten uit de slavernij bevrijdde.
De *Sjabbat* die aan het Pascha vooraf gaat, wordt de *Sjabbat hagadol** genoemd, omdat dit het begin van de verlossing aanduidt.

Tegenwoordig brengen orthodoxe Joden de weken voor Pascha door in een grondige schoonmaak om alle kruimels van de *chameets** te verwijderen uit alle delen van het huis. Waarschijnlijk is hier de zogenaamde 'voorjaarsschoonmaak' uit ontstaan.

Chameets (zuurdesem) wordt gemaakt van een van de vijf graansoorten die gecombineerd met water meer dan achttien minuten moet blijven staan. Tijdens Pascha is het verboden om chameets van een olijfformaat of nog groter te eten, te bewaren of in bezit te hebben.
De meeste orthodoxe Joden gaan zelfs nog verder - ook de naden van het aanrecht wor-

den grondig geschrobd om alle sporen van meel en gist te verwijderen. Elk voorwerp of instrument dat met *chameets* in aanraking is geweest wordt in het algemeen opgeborgen en niet gebruikt tijdens Pascha.

Het is mogelijk om *chameets* te verkopen aan een niet-Jood (die niet verplicht is om de geboden te houden), in ruil voor een symbolisch bedrag (b.v. 1 euro).

Over het algemeen 'verkopen' mensen hun chameets aan een rabbijn die op zijn beurt handelt als een tussenpersoon, en hij verkoopt het weer aan een niet-Jood. De rabbijn koopt dan aan het eind van de Pesachperiode opnieuw de producten terug voor minder dan waarvoor ze waren verkocht.

Sommige mensen hebben een speciale chameets-kast waar ze hun spullen in bewaren tot na de Pesachperiode. Supermarktstellingen die producten bevatten die niet '*kosjer le-Pesach*' (kosjer voor Pascha) zijn, worden bedekt met plastic.

De meeste orthodoxe families hebben speciaal servies, glaswerk en bestek (in sommige gevallen zelfs aparte vaatwassers en gootstenen) die nooit in contact komen met *chameets*. Deze worden uitsluitend gebruikt voor Pascha. Bepaalde gebruiksvoorwerpen zoals bestek, metalen potten en pannen kunnen '*kosjer voor Pascha*' gemaakt worden door middel van een proces, bekend als "*kasjering*".

In religieuze wijken wordt de "*kasjering*"-service voor een klein geldbedrag aangeboden.

Op de avond voordat het Pascha begint vindt een zoekactie naar zuurdeeg plaats. Nadat een special zegen is uitgesproken gaat één of meer familieleden van kamer tot kamer om ieder hoekje te controleren of er geen kruimels achter zijn gebleven.

De zoektocht wordt bij kaarslicht gehouden (verlichte hoeken zonder extra schaduwen), een veer (om kruimels uit hun ongeziene plekjes te krijgen) en een houten lepel (om de kruimels te verzamelen). Deze worden de volgende dag met de rest van de *chameets* verbrand. Het is gebruikelijk om tien kleine stukjes brood te verbergen zodat men zeker is dat er *chameets* wordt gevonden.

Op de ochtend van de 14e nisan worden alle gezuurde producten die nog in het huis zijn, verbrand. Op hoeken van veel straten worden om die reden door het gemeentebestuur speciale lila bakken neergezet waarin men op een veilige manier hun chameets kan verbranden.

Dezelfde ochtend wordt de eerstgeboren zoon geacht te vasten en daarmee de redding van de Hebreeuwse eerstgeborenen te gedenken. Volgens Exodus 12:29 sloeg (doodde) God alle Egyptische eerstgeborenen terwijl de Israëlieten niet werden getroffen. Het is gebruikelijk voor synagogen om een *sioem** dienst te leiden (voor de voltooiing van een deel van de Torastudie) direct na de ochtendgebeden. Met de feestelijke maaltijd die volgt houdt de verplichting tot vasten voor eerstgeborenen op.

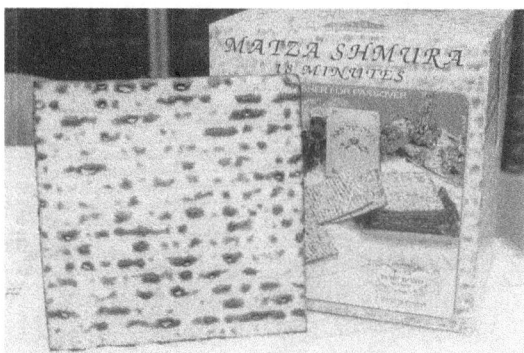

Pascha wordt ook *Chag Hamatsot* genoemd, verwijzend naar het platte, ongezuurde 'brood'. De Israëlieten moesten zo snel vertrekken dat er geen tijd was om het brood te laten rijzen.
God zei tegen de Israëlieten dat ze zeven dagen ongezuurd brood moesten eten.
Tijdens de 40 jaren in de woestijn was er alleen manna. Toen zij het Beloofde Land binnengetrokken waren kon het Joodse volk de matzot bakken van de plaatselijke tarwe en gerst om het werkelijke Pesach te vieren.

Korban Pesach is het lam dat was geslacht in de tabernakel en de tempel; geroosterd en gegeten tijdens de gedenkdagen. Onder de profeet Samuel herleefde het nationale religieuze feest, en onder koning Salomo kreeg het feest een nieuw aanzien bij het bouwen van de Eerste Tempel. Na zijn dood veroorzaakten afgoderij en heidendom de achteruitgang van de *Pesach* viering.

Godvruchtige koningen zoals Hizkia en Josia stelden het feest opnieuw in. Na de verwoesting van de Eerste Tempel kon de *Korban Pesach* niet langer geofferd worden en dit werd vervangen door gebeden, het eten van matza en bittere kruiden. Nadat de Tweede Tempel gebouwd was, werd de *Korban Pesach* opnieuw in ere hersteld, tot aan de verwoesting van de tempel in 70 na Christus.

Wereldwijd wonen meer dan 80 % van de Joodse mensen een *Seideravond*. *Seder* betekent ordening en verwijst naar de herdenking van de exodus uit Egypte. Men eet bepaalde gerechten, leest de Bijbelgedeelten en zingt specifieke liederen. Sommige van deze gebruiken werden al gedaan vóór de verwoesting van de tempel bij Joden thuis, die niet op pelgrimsreis naar Jeruzalem konden gaan.

De *Pesach Hagada* bevat de tekst en de orde van het Sedermaal, die vele uren kan duren.

De priesterlijke zegen vindt plaats in de tussenliggende dagen van de *Pesach* vakantie. Afhankelijk van hoe het valt, is het op maandag en/of dinsdagmorgen bij de Kotel, de Klaagmuur in de Oude Stad van Jeruzalem.
De *kohaniem* (wiens namen aangeven dat zij van de priesterlijke lijn van Aäron afstammen), spreken de Aäronitische zegen uit in Numeri 6:24-26, terwijl zij bedekt zijn door hun *talliet* (gebedssjaal).

De priesterlijke zegen, birkat *kohaniem*, is ook bekend als *nesiat kapajiem* (opheffen van de handen), of *doechanen* (van het Jiddishe woord *doechan* – verhoging – omdat de zegen gewoonlijk werd uitgesproken vanaf een verhoogd podium.

In Israël wordt Pesach zeven dagen gevierd; in de Diaspora acht dagen. De eerste en de laatste dagen zijn belangrijke feestdagen, waarop werken is verboden (zoals op een *sjabbat*). Tijdens *chol hamoëed* (tussenliggende dagen) mag er gewerkt worden maar veel religieuze gezinnen hebben de hele week vrij – een echte familievakantie!

Samaritanen op de berg Geraziem in 1934

De Samaritanen die op de berg Gerazim wonen, nabij Sichem (Nablus), en de Ethiopische Falasha's zijn de enige groepen die nog steeds offers brengen tijdens Pesach.

Pesach is een familiefeest waar iedereen van geniet. In deze periode beginnen veel mensen kleine Israëlische vlaggen op hun auto te plaatsen ter voorbereiding van de komende gedenkdagen.

*Isroe chag** betekent letterlijk 'Het feestoffer vastbinden' of 'De dag na het feest'. Tijdens de Tempelperiodes begonnen de mensen, die met een pelgrimstocht naar Jeruzalem waren gekomen, aan de lange terugreis. Tegenwoordig wordt *isroe chag* (de extra feestdag na de drie pelgrimsfeesten), gezien als een kleine feestdag. Veel mensen hebben nog vrij en ook de scholen zijn nog dicht.

Een boom mag alleen in het veld staan
Een man alleen in de wereld,
Maar geen enkele Jood is alleen
Op zijn feestdagen

Abba Kovner

GOED OM TE WETEN
Als je geen Seder uitnodiging ontvangt, zijn er vele Christelijke of Messiaanse gemeenschappen die groep*seders* houden. Tijdens de Pesach vakantie is het hele land op of onderweg. Er zijn veel files en zowel de Nationale Parken als de publieke attracties zijn overvol!

Birkat kohaniem - Priesterlijke zegen

"En de HEERE sprak tot Mozes: Spreek tot Aäron en zijn zonen en zeg: Zo moet u de Israëlieten zegenen, door tegen hen te zeggen: De HEERE zegene u en behoede u! De HEERE doe Zijn aangezicht over u lichten en zij u genadig! De HEERE verheffe Zijn aangezicht over u en geve u vrede! Zo moeten zij Mijn Naam op de Israëlieten leggen; en Ík zal hen zegenen." Numeri 6: 22-27

Birkat kohaniem zijn de Hebreeuwse woorden voor de 'zegen van de priesters'. (*Koheen* = priester). In de tijd van de Tempelperiode spraken de priesters deze zegeningen elke dag uit. Sommige synagogen voeren dit ritueel elke morgen uit terwijl anderen dit alleen op de Sjabbat doen. In de Diaspora vindt de ceremonie meestal alleen op Joodse feestdagen plaats, omdat dan de meeste mensen naar de synagoge gaan.

Tijdens de zegen houden de *kohaniem* hun handen uitgestrekt naar de gelovigen - de vingers in de vorm van de Hebreeuwse letter *sjien*. Dit symboliseert het licht van de *Sjechina* – de tegenwoordigheid van God.

In veel gemeenschappen spreiden de mannen hun *talliet* (gebedssjaal) uit over hun hoofd en kijken niet naar de *kohaniem* om niet afgeleid te worden. Tijdens het pelgrimsfeest vindt er een speciale ceremonie plaats bij de Klaagmuur (Kotel).

Het is gebruikelijk dat de afbeelding van de priesterhand ingegraveerd is op grafstenen van de *kohaniem.* De woorden van de priesterlijke zegen, geëtst op zilveren rolletjes, zijn door archeologen gevonden in graven die gedateerd zijn vanaf de zevende eeuw voor Christus.

Mr. Spock van de Star Trek televisieseries kopieerde de priesterzegen met zijn groet: *'Leef lang en voorspoedig'.*

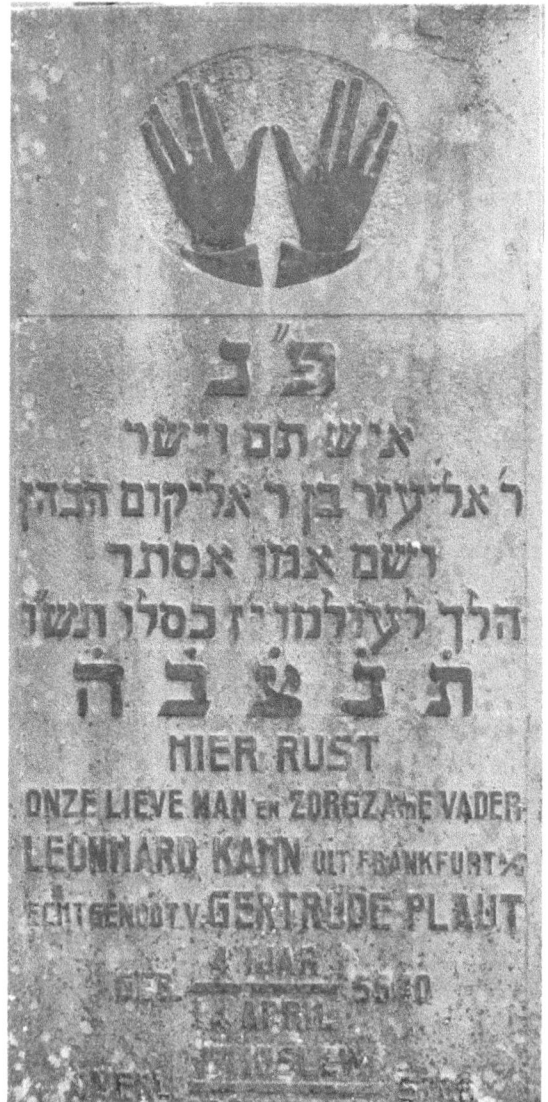

HOOFDSTUK 5

GEBED OM DAUW

"Dauw, kostbare dauw... val op het land.
Mag de hemelse schatkamer dit noteren..."
Asjkenazisch gebed

Aan het einde van *Pesach* worden gebeden voor dauw opgenomen in de synagogediensten. Pasen valt rond het einde van het regenseizoen en het begin van de zomer. De eerste regen (*jorè*) kan pas in oktober of november worden verwacht. In Israël was (en is) dauw van levensbelang tijdens de hete, droge zomermaanden.

Dauw, wat leven geeft, wordt nog steeds gezien als een zegen uit de hemel. Net zoals tijdens speciale dagen, draagt de chazan (voorzanger) een wit gewaad (*kittel*). In het gebed voor dauw herinnert hij God aan de barmhartigheid die Hij tijdens Pesach over de gewassen heeft uitgemeten.

Tussen Pascha en Pinksteren zijn de zeven soorten (dadel, olijf, vijg, druif, gerst, tarwe en granaatappel) in verschillende stadia van rijping. Iedere fruitsoort heeft specifieke klimatologische omstandigheden nodig om een overvloedige oogst te garanderen. In deze tijd van het jaar is het weer vaak onstabiel – plotselinge hittegolven kunnen omslaan in periodes van extreme kou. Daarom is het resultaat van het gewas van het seizoen nooit zeker.

Tijdens de Tempelperiodes brachten de agrariërs bikoerim (de eerste vruchten) van de zeven soorten naar de tempel. Zij waren afhankelijk van de Ene, ware God, in tegenstelling tot de heidenen die geloofden dat afgoden hun klimaat beheersten.

De avond dat de Pesach vakantie eindigt begint voor Marokkaanse Joden het Mimoena festival.

HOOFDSTUK 6

Mimoena festival

Deze traditionele Noord-Afrikaanse viering geeft het begin van de lente aan en markeert dat men weer *chameets* mag eten. Sommige mensen geloven dat Mimoena is afgeleid van de naam Maimon, de vader van Rambam, Rabbijn Moshe Ben Maimon. Het herdenkt zijn geboortedatum of zijn sterfdag.
Nadat ze zich in Israël hadden gevestigd, vierden immigranten uit Noord-Afrika (Maghrebim) Mimoena met hun families. Vanaf 1966 is het een nationale feestdag geworden.
De viering begint na zonsondergang op de laatste dag van Pascha. Marokkaanse en Algerijnse Joden openen hun deuren en iedereen is welkom om te genieten van traditioneel gebak en lekkernijen.
De tafels bevatten ook allerlei symbolen van geluk en vruchtbaarheid, met de nadruk op nummer '5'

– bijvoorbeeld vijf gouden sieraden of vijf bonen die op een gebakje liggen.

Mimoena is een populaire feestdag met openluchtfeestjes, familie picknick- en barbecue party's.

HOOFDSTUK 7

DE OMER-TELLING

"U moet dan vanaf de dag na de sabbat gaan tellen, vanaf de dag dat u de schoof van het beweegoffer gebracht hebt. Zeven volle weken zullen het zijn. Tot de dag na de zevende sabbat moet u vijftig dagen tellen. Dan moet u de HEERE een nieuw graanoffer aanbieden."
Leviticus 23:15,16

In de oudheid werd de eerste gerstschoof geoogst aan het einde van de eerste dag van Pascha, na zonsondergang (het begin van een nieuwe dag voor het Joodse volk). Orthodoxe Joden doen dit vandaag nog steeds. Nadat de eerste gerst naar de tempel was gebracht als een dankoffer, kon de gerstoogst beginnen. Na het oogsten van de eerste schoof, werden 49 dagen geteld en op de 50e dag begon *Sjavoeot* (weken). Dit luidde ook het begin van de tarweoogst in. Door het 'tellen van de Omer' werden de twee grote agrarische feesten (*Pesach en Sjavoeot*) met elkaar verbonden. De *Omer* is een Bijbelse maat voor de hoeveelheid graan.

Tijdens de omzwervingen in de woestijn ontvingen de Israëlieten de Tora op de berg Sinaï op de dag van *Sjavoeot.* Vandaag gebruiken veel orthodoxe Joden de periode van de omertelling om zich geestelijk voor te bereiden voor het tweede pelgrimsfestival. Het is een semi-rouw periode waarin ze zich niet scheren of hun haar knippen, geen muziek beluisteren of bruiloften organiseren, geen feesten houden, of diners met dansen.

Tijdens de Romeinse bezetting stierven volgens de Talmoed 12.000 Tora-leerlingen aan de pest. Op *Lag Baomer* (33e dag van de omertelling) hield de plaag op (of doordat er een overwinning kwam tijdens de opstand.) Dit is de reden van de grote vreugdevuren in Israël tijdens *Lag Baomer.* Sommige mensen gebruiken deze rouwperiode om familie te herdenken die tijdens de middeleeuwen in Europa tijdens de Kruistochten en de pogroms vermoord werden.

De eerste gerstoogst

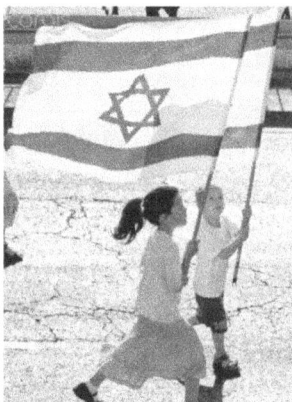

INLEIDING OP ISRAËLS GEDENKDAGEN

Israëls gedenkdagen beginnen in de week na de *Pesach* vakantie.

♦ *Jom Hasjoa* - **Holocaust herdenkingsdag**
♦ *Jom Hazikaron* - **Herdenkingsdag**
♦ *Jom Haätsmaoet* - **Onafhankelijkheidsdag**

> *"Alleen, wees op uw hoede en neem uzelf zeer in acht! Anders vergeet u de dingen die uw ogen gezien hebben, en anders wijken ze uit uw hart alle dagen van uw leven. U moet ze uw kinderen en uw kleinkinderen bekendmaken…" Deuteronomium 4:9*

VERGETEN BETEKENT STERVEN
HERINNEREN - LEVEN

Zechor! Herinner!
Dit actieve werkwoord wordt beschreven in het woordenboek als 'iets wat in het geheugen is opgeslagen, zodat het zonder moeite voor de geest gehaald kan worden'.
Oproepen/herinneren impliceert enige inspanning of kan iets opnieuw in gedachten brengen. Herinneringen ophalen is onthouden, anderen van gebeurtenissen uit het verleden vertellen, of over je persoonlijke ervaringen vertellen.

Zachar (zechor) is het Hebreeuwse woord voor herinneren, aan denken of noemen.
Genesis 8:1 zegt dat *"God dacht aan Noach."*
De HERE zegt tegen Noach in Genesis 9:15, *"Ik zal aan Mijn verbond denken,"* en gaf ons de regenboog om ons Zijn belofte aan de mensheid te helpen herinneren.

God brengt zijn verbondsbeloften in gedachtenis. Hij gedacht Abraham, Zijn volk.
'Ik hoorde hen zuchten... Ik gedacht Mijn verbond....'Exodus 6:5-6.
Gods belofte om te gedenken werd herhaald door het verbond wat Hij sloot op de berg Sinaï, toen de Israëlieten een volk werden. We lezen dit in Leviticus 26:40-45. Psalm 98:3; 105:8,42; 106:45 noemt ook het feit dat God Zijn verbond gedenkt.
In Ezechiël 16:60 gedenkt God Zijn belofte om Zijn volk te herstellen en terug te brengen uit ballingschap.

Jeremia 31:34 zegt: *"Want Ik zal hun ongerechtigheid vergeven en aan hun zonde niet meer denken. "*
God draagt Zijn volk op:
"Gedenk deze dag, waarop u uit Egypte … vertrokken bent." Exodus 13:3
"Gedenk de sabbatdag, dat u die heiligt." Exodus 20:8
Boven alles: *"Denk aan Zijn wonderen, die Hij gedaan heeft."* Psalm 105:5; 1 Kronieken 16:15

Zikaron betekent herdenken, gedenkteken.
God zei van Zijn verbondsnaam (YHWH=God) "Dit is Mijn gedachtenis voor alle generaties. (Exodus 3:15; Psalm 30:4, 135:13). De naam herinnert aan Zijn daden als vervulling van Zijn verbond.
God zei tegen Mozes: *"dat Ik de herinnering aan Amalek van onder de hemel geheel zal uitwissen."* Exodus 17:14
Het koperen laag die het altaar bedekte (Numeri 16:40) en de steenhopen bij de rivier de Jordaan (Jozua 4:7; 20-24) dienden als eeuwigdurende gedenktekens voor de zonen van Israël. Twee 'gedenkstenen' ingegraveerd met de namen van de 12 stammen waren deel van de priester-efod.
Voordat de Israëlieten ten strijde trokken, offerden de mensen schapen en bliezen op de trompetten. *"Dan zal aan u gedacht worden voor het aangezicht van de HEERE, uw God."* Numeri 10:9-10

Het Griekse woord *anamimnesko* wordt gebruikt in een actieve vorm en betekent herinneren, voor de geest halen. *Anamnesis* is herinneren. Het woord wordt vandaag nog steeds gebruikt door artsen wanneer wordt verwezen naar de medische geschiedenis van de patiënt. Mensen die lijden aan geheugenverlies zijn vergeetachtig en hebben moeite om zich dingen te herinneren.

"Vergeetachtigheid leidt tot ballingschap, terwijl herinnering het geheim van verlossing is." Baal Sjem Tov – oprichter van het chassidisme.

Als Christenen avondmaal vieren, wordt hen gezegd: *"Doe dat, zo dikwijls als u die drinkt, tot Mijn gedachtenis."* 1 Corinthiërs 11:24-25.

Voor het Joodse volk is gedenken een integraal deel van hun leven.

Het aansteken van gedenkkaarsen als herinnering aan overleden familieleden is gebaseerd op Spreuken 20:27, *"De geest van een mens is een lamp van de HEERE."*
Afkomstig uit het middeleeuwse Duitsland, breidde het gebruik zich uit naar andere gemeenschappen. Omdat gedenkkaarsen 24 uur moeten branden, worden speciale kaarsen gebruikt in houders van metaal of glas.

Herdenkingsdiensten met speciale gebeden (*Hazkara*) herdenken de doden en spreken de hoop uit dat aan hun ziel eeuwige rust wordt verleend. We lezen over dit oude gebruik in 2 Makkabeeën 12:43. Judas Maccabeüs vertelt het volk, *"... te bidden voor de doden en doet verzoening voor hen, zodat ze verlost kunnen worden van hun zonde".*
In Talmoedische tijden werd *hazkarot nesjamot** een geaccepteerd gebruik.

In het jodendom wordt herdenken in een positief licht gezien. Er wordt geen schuld of gepaste wraak toegekend, maar het roept positieve actie op in het licht van de negatieve dingen die iemand is overkomen. Daarom zie je overal in Israel in publieke gebouwen of instanties muren vol met namen van donors die daarmee een geliefd familielid willen herdenken.

Voor veel mensen zijn nationale gedenkdagen hartverscheurend vanwege de traumatische herinneringen. Rouwen is een integraal deel van het jodendom. Maar om *sjiva** te zitten moet er eerst een begrafenis zijn. Stel je de pijnlijke situatie voor wanneer iemand wordt vermist of een soldaat is ontvoerd door Israëls vijanden. Het Joodse volk is bereid een hoge prijs te betalen om hun (dode) kinderen thuis te brengen.

Rozemarijn struiken kan je overal vinden in Israël. Behorend tot de kruizemunt/pepermunt familie, heeft de altijdgroene plant een doordringende aromatische geur. Vroeger wist men al dat het goed was voor je geheugen. Hedendaagse wetenschappers hebben bewezen dat de geur van Rozemarijn een effectieve geheugenstimulans is.
Paulus zegt in 2 Timotheüs 2:8 *"Houd in gedachten dat Jezus Christus uit de doden is opgewekt ..."*
Jesjoea, onze Redder, stond op uit de dood. Hij is de Bron en voorziener van al onze noden. Christenen moeten nooit Gods goedheid aan Zijn kinderen vergeten. Niet alleen het Joodse volk, maar ook de Christenen moeten: **HERINNEREN en LEVEN!**

HERINNER het verleden
LEEF in het heden
VERTROUW de toekomst
Abba Kovner

HOOFDSTUK 9

STERVEN EN BEGRAFENISRITUELEN IN ISRAEL

Het Joodse standpunt ten opzichte van de dood is een combinatie van verzet en acceptatie. Het leven moet worden gekoesterd en behouden en de dood moet worden bevochten. Geen enkele moeite zal worden gespaard om een stervende persoon te redden.
Sterven op je geboortedag wordt gezien als een speciale zegen van God, maar slechts zeer weinige wensen sterven op hun geboortedag.

Als iemand thuis gestorven is wordt het lichaam op de vloer gelegd met zijn/haar voeten richting deur. De ogen en mond worden gesloten en het lichaam wordt bedekt met een laken. Een kaars wordt aangestoken en geplaatst bij het hoofd.
Vanaf het moment van de dood tot aan de begrafenis wordt het lichaam van de overledene niet alleen gelaten. Vaak regelt de familie een sjomer*, iemand die zit bij de overledene en die psalmen reciteert.
In Talmoedische tijden werd iemands overlijden bekendgemaakt door op de sjofar te blazen. Degene die de mannen voor het ochtendgebed in de synagoge bijeen riep, klopte gewoonlijk drie keer op deuren of ramen; maar wanneer hij slechts twee keer klopte wisten de mensen dat er iemand gestorven was.

Tegenwoordig informeren familieleden elkaar telefonisch over de dood van een geliefde en geven meteen door hoe laat de begrafenis zal plaatsvinden. In Israel moet dat binnen 24 uur gebeuren.

Beet kevarot - **begraafplaats** of *beet olam**
(Huis van de Eeuwigheid)
Het gebied van een Joodse begraafplaats wordt als heilig beschouwd en daarom mogen er alleen Joodse mensen begraven worden. Sommige begraafplaatsen hebben gescheiden rijen voor mannen en vrouwen en ook voor verschillende gemeenschappen – bijvoorbeeld voor Asjkenazische en Sefardische Joden. Niet-Joden worden begraven op een aparte begraafplaatsen of speciale gedeelten.

Pas gedolven graven voor twee terreurslachtoffers

Kevoera - Begrafenis

In het oude Israël werd een onbegraven lichaam beschouwd als een vreselijke vernedering. (Zie 1 Koningen 14:11). Het was een religieuze verplichting om de doden te begraven, zelfs criminelen die waren opgehangen (zie Deuteronomium 21:23).
Het werd als een vloek gezien als de stoffelijke resten van iemand ten prooi vielen aan de vogels en er niemand was om die af te schrikken (Deuteronomium 28:26).
De meeste Joodse gemeenschappen hebben hun eigen *Chevra Kadiesja* * (letterlijk: Heilige Broederschap) - een groep vrijwilligers, soms betaald, die overledenen voor de begrafenis ceremonieel reinigen. Om niet te discrimineren tussen rijk en arm, werd men sinds 200 jaar na Christus in een doodskleed gewikkeld.

Vandaag aan de dag wordt dat nog steeds zo gedaan in Israël.

Diaspora Joden worden vaak begraven in een gewone houten kist. In Israel wordt men zonder kist begraven en alleen bedekt met een *kittel* (doodskleed) en talliet of Israëlische vlag. Vrouwen worden alleen begraven in witte lijkwaden.

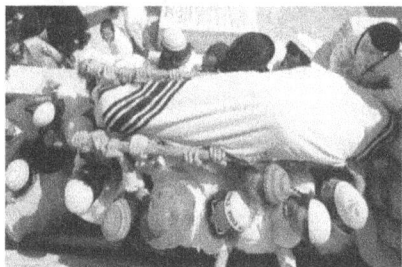

Op de begrafenis scheuren rouwende mensen traditioneel hun shirt of blouse – dit ritueel heet *keria* *. Dit kledingstuk wordt tijdens de *sjiva* (rouwperiode van zeven dagen na de begrafenis van een familielid) gedragen. De *keria* maakt als het ware een begin met de innerlijke rouwverwerking. Door het scheuren van kleding identificeert men zich met het `verscheurde lichaam' van de overledene. De scheur moet van boven naar beneden gemaakt worden, vanaf de hals. Als men rouwt om bloedverwanten maakt men de *keria* met een mes.

Net zoals de *geniza** een plaats is voor het bewaren van onbruikbaar geworden boeken die de vierletternaam van God bevatten en daarom niet weggegooid mogen worden, zo wordt ook het lichaam van de overledene op een eerbare manier 'bewaard'.

De *Halacha** (Joodse wet) verbiedt crematie. Doordat de Nazis tijdens de Holocaust de Joden cremeerden, wordt crematie nog steeds in een negatief licht gezien.

Tegenwoordig wordt het in Israël algemeen geaccepteerd om bloemen op een graf te leggen, maar sommige Diaspora-gemeenschappen zien dit als een heidens gebruik.

BIJGELOOF

- Vroeger geloofde men dat de doodsengel zijn bebloede zwaard in het water afspoelde in Jodenbuurten waar de waterkruiken op de binnenplaats stonden. Deze kruiken moesten dan leeggegoten worden.
- Omdat men geloofde dat sjediem (geesten) de overledene naar zijn graf volgden en om hen heen zweefden, moest de begrafenisstoet hun handen wassen voordat ze het huis binnengingen. Het was niet voldoende om ze in de rivier dopen. Vandaar de wasbak bij de begraafplaats.
- Om de geesten te verdrijven die de rouwenden volgden moest de begrafenisstoet regelmatig stoppen en men gaan zitten en rusten.
- De plank waarop een overleden persoon ceremonieel werd gewassen, mocht niet worden omgedraaiid.
- Een graf mocht niet twee keer op dezelfde dag bezocht worden, en men mocht niet op de begraafplaats blijven slapen.
- Mensen kregen het advies om niet van dichtbij naar het gezicht van een overleden persoon te kijken, en ook niet te kussen, zelfs niet als het een familielid was.
- Een stervend kind kon gered worden uit de greep van de dood als zijn ouders het kind voor een sjekel aan een vriend 'verkochten'.
- Van naam veranderen zou kunnen redden van de dood.
- Een veren kussen weghalen onder het hoofd van een stervende persoon kon de ziel helpen om gemakkelijker heen te gaan. (Sommige rabbijnen maakten bezwaar tegen deze praktijk, omdat ze geloofden dat dit de dood zou versnellen.)
- Het is een goed voorteken om met een glimlach op het gezicht te sterven, of om op je geboortedag te sterven.
- Regen tijdens een begrafenis wordt gezien als een teken van erbarming en vergeving van de overlevende.

HOOFDSTUK 10

ROUW RITUELEN

Sjiva (letterlijk zeven) is rouwperiode van een week binnen het jodendom voor eerstegraads familieleden: vader, moeder, zoon, dochter, broer, zus en echtgenoot.

De traditie is afgeleid van Genesis 50:1-14 waar Jacob rouwt om de dood van zijn vader Izaäk gedurende zeven dagen. De rouwperiode, ook wel "*sjiva* zitten" genoemd, begint direct na de begrafenis die in Israël binnen 24 uur moet plaatsvinden.

Van jongens die ouder zijn dan 13, en meisjes ouder dan 12 jaar, wordt verwacht dat ze rouwen voor een naast familielid. De Joodse rouwgebruiken tonen een goede balans tussen emotionele en filosofische wijsheid. Van rouwenden verwacht men dat ze huilen, hun kleren scheuren en deelnemen aan de begrafenisceremonie. Toch mogen ze niet teveel of te lang treuren. De nadruk van deze rouwperiode ligt op het herstellen van het verlies en te focussen op het leven.

*Aninoet** (intense rouwperiode tussen overlijden en begrafenis) is de eerste rouwfase, waarbij iemand in shock en gedesoriënteerd is. Na de begrafenis begint de *Aveloet** periode. Een *aveel* (rouwende) luistert niet naar muziek, gaat niet naar een concert, en woont ook geen vreugdevolle gebeurtenissen of feesten bij zoals trouwerijen, *bar- of bat mitswa*, tenzij het beslist noodzakelijk is.

Sjiva – zeven dagen

Gedurende zeven dagen ontvangen familieleden gasten (behalve op Sjabbat of een *jom tov** (feestdag). In orthodoxe huisgezinnen komt een minjan in het huis van de rouwende bijeen voor een Toralezing.

Traditioneel wordt de eerste maaltijd na de begrafenis, de *seoedat havraä* - 'maaltijd van herstel'; voor degenen die sjiva zitten door buren of door vrienden verzorgd.

Rouwenden nemen geen bad of douche, ze dragen geen leren schoenen of sieraden en mannen scheren zich niet. In veel gemeenschappen zijn de spiegels in huis bedekt. Echtelijke relaties en Torastudie zijn niet toegestaan. (Rouwenden kunnen wel de regels van het rouwen bestuderen en Bijbelgedeelten lezen die verbonden zijn met *Tisja Beav*). Het is gebruikelijk voor de rouwenden om op lage stoelen te zitten of zelfs op de vloer, symboliserend dat men neergedrukt wordt door verdriet.

Het wordt als een belangrijke *mitswa** (gebod; goede daad) van vriendelijkheid en mededogen beschouwd om een rouwend gezin te bezoeken. Rouwenden mogen geen gastvrouw/gastheer zijn voor bezoekers. Deze taak wordt door familie en vrienden overgenomen, die ook het eten koken en het huis schoonhouden.

Traditioneel wordt er niet gegroet. De bezoeker wacht tot de rouwende het gesprek begint en zeggen niets als de rouwende stil blijft. Er wordt wel van men verwacht over de overledene te spreken en herinneringen te delen. Sommige rouwenden zien de sjiva als een afleiding voor het verlies, terwijl anderen alleen met vrienden en familie willen rouwen.

Bij het verlaten van een (Asjkenazisch) *sjiva* huis spreken bezoekers een traditionele zegen uit: *"Moge God je troosten te midden van de andere rouwenden uit Sion en Jeruzalem"*. Afhankelijk van de gewoonten kunnen andere toevoegen: *"Dat je maar geen tsa'ar (zorg) meer zult hebben"*, of je dat je alleen maar vreugde mag hebben" of "Dat we alleen maar 'besorot tovot' (goed nieuws) van elkaar mogen horen" of "Ik wens je een lang leven".* Op een Sefardische sjiva zeggen bezoekers: *"Moge de hemel je vertroosten"*.

Niemand gaat tijdens de *Sjabbat* of op een feestdag naar een huis waar gerouwd wordt. Op deze dagen dragen rouwende mensen wel hun feestelijke kleren en bidden in de synagoge, maar leiden geen diensten. Een *sjiva* eindigt meteen zodra een van de hoge feestdagen begint: *Rosj Hasjana, Jom Kipoer, Soekot, Pesach* en *Sjavoeot*, ook al is de *sjiva* net begonnen. Begrafenissen vinden nooit plaats op een *jom tov*.
In Israël gaan rouwenden pas na de *sjiva* weer aan het werk. Na de dood van een ouder wordt iemand geacht twaalf maanden te rouwen.

SJLOSJIM – Dertig dagen
De dertig dagen periode na de begrafenis (*sjiva* inbegrepen) is bekend als de *sjlosjiem* (dertig). Tijdens deze periode mag men niet trouwen of een religieus feestmaal bijwonen. Mannen laten hun baard staan en knippen ook hun haar niet.
Sjlosjiem markeert het einde van de rouwperiode voor andere familieleden dan ouders en man of vrouw. Op de avond van *sjlosjim* komt de familie meestal bij elkaar om gebeden en Psalmen op te zeggen eer te betonen aan de overlevende. Tegen het einde van de 19e eeuw werd het ritueel van een onthulling van een grafsteen populair. In Israël vindt de onthulling plaats na de *sjlosjiem*, vaak na een korte grafrede in het bijzijn van familieleden en vrienden.

Sjnem asar chodesjiem - De twaalf maanden
Rouwenden die een ouder hebben verloren houden een twaalf maanden durende rouwperiode aan, gerekend vanaf de dag van overlijden. Tijdens deze periode beginnen de normale activiteiten weer maar zegt men wel steeds *kadiesj**. Velen wonen geen feestelijke gelegenheden en grote bijeenkomsten bij waar livemuziek wordt gespeeld.

Hazkara en Jaartijd/ jortsait*
Hazkara is de herdenkingsdienst waarmee de twaalf rouwmaanden wordt afgesloten. De jaartijd/*jortsait* in Jiddisj, is de jaarlijkse herdenking van de sterfdag van een familielid. Meestal steekt men thuis een herdenkingskaars aan en brengt een bezoek aan het graf, waar een familielid het *kadiesj* en het *El Male Rachamiem* gebed uitspreekt.

In Bijbelse tijden waren graven stenen heuvels. Door het plaatsen of herplaatsen daarvan hielp de bezoeker het graf te onderhouden. Vandaag aan de dag is het gebruikelijk om met de linkerhand een steentje op de grafsteen te leggen, waardoor anderen weten dat het graf bezocht is.

In Israel is het heel normaal dat men de naam van de overlevende noemt en over hem of haar blijft spreken. Het meest gangbare om te zeggen is *zichron(a) livrach(o)* of (a) - haar nagedachtenis zij tot zegen; afkorting: z.l.
De Hebreeuwse afkorting is ז״ל.

KADIESJ

Het *kadiesj* van de rouwenden werd in gebruik genomen in de 13e eeuw, in de tijd van de Kruisvaarders. Vanaf de 15e eeuw werd het gebed gebruikt als een recitatie op de gedenkdag van een overleden familielid. *Kadiesj* kan opgezegd worden zowel door mannen als vrouwen als door niet-religieuze Joden.

Kaddiesj

*Moge zijn grote naam verheven
en geheiligd worden
in de wereld die hij geschapen heeft
naar zijn wil.
Moge zijn koninkrijk erkend worden
in uw leven en in uw dagen
en in het leven van het gehele huis van Israël,
weldra en spoedig. Zeg nu: Amen*

*Moge zijn grote naam gezegend zijn
nu en voor altijd.
Gezegend, geprezen, gevierd,
en hoog en hoger steeds verheven
Verheerlijkt, gehuldigd en bejubeld worde
de naam van de Heilige,
gezegend zij hij hoog boven iedere zegening,
elk lied, lof en troost
die op de wereld gezegd wordt. Zeg nu: Amen*

*Moge er veel vrede uit de hemel komen
en leven!
Over ons en over heel Israël. Zeg nu: Amen*

*Hij die vrede maakt in zijn hoge sferen,
zal ook vrede maken voor ons
en voor geheel Israël. Zeg nu: Amen*

EL MALEH RACHAMIEM

Dit gebed dateert waarschijnlijk uit de tijd van de Chmielnicki pogroms in Oost-Europa (1648-1649) Het is een gebed waarin om zielenrust wordt gevraagd voor de slachtoffers van antisemitisme. Na de Tweede Wereldoorlog is een speciale versie van het gebed geschreven voor de zes miljoen slachtoffers van de *Sjoa*.

Door de eeuwen heen hebben Joden vervolgingen moeten doorstaan. Voor de martelaren is in de middeleeuwen het *El malé rachamiem* geschreven. In de versie van na de Tweede Wereldoorlog worden de namen genoemd van een aantal concentratie- en vernietigingskampen waar veel Joden zijn omgebracht. Men moet een *minjan* hebben om dit gebed te kunnen zeggen.

EL MALEH RACHAMIEM

*"O God, vol van erbarmen, Die in de hemel woont, geef een perfecte rust op de vleugels van de goddelijke aanwezigheid - in de verheven plaatsen temidden van de heiligen en zuiveren die helder schijnen in het uitspansel.
Aan de ziel van ... die naar zijn/haar eeuwige rustplaats is gegaan (en omwille van hem/haar zal ik een liefdadigheidsbijdrage leveren ter herinnering.
Moge zijn/haar rustplaats in de hof van Eden zijn.
Moge de Barmhartige voor hem/haar voor eeuwig een schuilplaats zijn onder Zijn beschermende vleugels en moge zijn/haar ziel opgebonden zijn in de bundel van het eeuwige leven.
De heer is zijn (haar) erfdeel; moge hij (zij) rusten in vrede, en laten we "Amen" zeggen."*

HOOFDSTUK 11

JOM HASJOA
HOLOCAUST HERDENKINGSDAG

In de week na Pesach verschijnt de nationale vlag op regeringsgebouwen en de balkons ter gelegenheid van *Jom Haziekaron Lasjoa velagvoera. Sjoa* betekent letterlijk: 'vernietiging'; de vervolging en het uitmoorden van Joden in de Tweede Wereldoorlog; aan het Engels ontleende term: Holocaust. *Gibber,* Jiddisj (*gieboor,* Hebreeuws) betekent held, sterke man.

In het kort noemt iedereen het *"Jom Hasjoa"*. Op deze dag herdenkt men de zes miljoen Joden die tijdens de Tweede Wereldoorlog door de Nazi's vermoord werden. Sinds 1953 wordt de nationale herdenkingsdag gehouden op de 27e *nisan* (april/mei). Als deze datum gevolgd wordt door een Sjabbat, wordt het een dag opgeschoven. De meeste Joodse gezinnen steken herdenkingskaarsen aan en reciteren het Kaddiesj.

Op de avond van *Jom Hasjoa* en op de dag zelf, zijn amusement activiteiten verboden. De Israëlische televisie zendt documentaires over de Holocaust uit en talkshows die daarmee verband hebben. De radio geeft alleen ingetogen muziek. Op openbare gebouwen hangen de vlaggen halfstok.

In Israël begint *Jom Hasjoa*a om 20.00 uur met een nationale bijeenkomst op het Getto Plein in Yad Vashem, het herdenkingsmuseum voor martelaren en helden van de Holocaust in Jeruzalem.

Tijdens de ceremonie wordt de nationale vlag half stok gehesen en zijn er toespraken van de president en de minister-president. Holocaustoverlevenden steken zes fakkels aan, die de zes miljoen vermoorde Joden symboliseren, en de opperrabbijnen spreken gebeden uit.

Als om tien uur de volgende ochtend in heel Israel het luchtalarm twee minuten klinkt (een langgerekte toon, het 'sein-veilig') stopt het verkeer, bestuurders gaan naast hun auto staan en voetgangers blijven stilstaan. Op dit moment herdenken velen aan de omgekomenen in de Holocaust.

Op *Jom Hasjoa* worden in het hele land ceremonies en diensten gehouden in scholen, militaire bases en op andere openbare plaatsen.

Ner Zikaron* - Herdenkingslicht

Dit is een special lichtje of kaars die wordt ontstoken ter nagedachtenis van een overleden familielid. Het gebruik is afgeleid van de tekst uit Spreuken 20:27, *"De geest van een mens is een lamp van de HEERE"*. De traditie dateert uit de middeleeuwen en komt waarschijnlijk uit Duitsland. Behalve *Jom Hasjoa* en *Jom Hazikaron* worden tijdens drie andere gelegenheden herdenkingslichten ontstoken: tijdens de *sjiva,* de jaartijd van een familielid, en op de avond van *Jom Kipoer.*

HOOFDSTUK 12

JOM HAZIKARON
Dodenherdenking

Jom Hazikaron is de herdenkingsdag voor degenen die sinds 1860 zijn gesneuveld. In deze
periode begonnen de Joden voor het eerst buiten de muren van Jeruzalem te wonen. Deze
dag valt meestal op 4 *ijar (*vaak in mei). Als de
datum op vrijdag of zaterdag valt worden de
vieringen opgeschoven.
In 1963 werd *Jom Hazikaron* Israëls officiële
gedenkdag waarop gevallen soldaten en terreurslachtoffers worden herdacht.
Herdenkingsdiensten beginnen om 8 uur s'
avonds met een sirene van één minuut.
Landelijke herdenkingsdiensten worden bijgewoond door de topleiders van Israël en de militaire staf. De belangrijkste ceremonie vindt
plaats op de IDF-begraafplaats op de Mount
Herzl in Jeruzalem.

De volgende dag klinkt er om 11 uur s' mor-
gens een sirene van twee minuten om het begin van officiële herdenkingsceremonies en
particuliere bijeenkomsten aan te geven op
begraafplaatsen waar soldaten zijn begraven.
En opnieuw komt het verkeer tot stilstand,
terwijl mensen met gebogen hoofden staan, in
eerbetoon aan de gevallen soldaten.
De herdenkingsdag is rond 20.00 uur afgelopen en gaat dan meteen over in de openingsceremonie van Israëls Onafhankelijkheidsdag.
De nationale viering begint officieel op Mount
Herzl in Jeruzalem zodra de Israëlische vlag
weer in top gehesen is.
Jom Hazikaron en *Jom Haätsmaoet* liggen vlak
achter elkaar, om mensen te herinneren aan
de prijs die werd betaald voor de onafhankelijkheid. Veel Israëlisch hebben in het leger
gediend, of hebben familieleden die zijn gesneuveld of kwamen om tijdens een terreur-
aanslag.

Israëls Herdenkingsdag
Jizkor gebed

*Moge God de zielen van zijn heldhaftige
kinderen gedenken: de strijders van de
Israëlische defensietroepen, die viel in de
oorlogen van Israël, in defensief, offensief,
en de veiligheidsacties, en tijdens de vervulling van hun plicht, met inbegrip van de
zielen van de ondergrondse strijders en
brigades die in de natie vochten - al degenen die hun leven voor de heiliging van
Gods naam hebben opgeofferd.*

*En met de hulp van God, de Heer van Isra-
ëls veldtochten, brachten zij de herleving
van de natie, de staat en de verlossing van
het land en de stad van God.*

*Ze waren sneller dan arenden en sterker
dan leeuwen; vrijwillig hielpen zij de natie,
en hebben ons Heilige Land verzadigd met
hun zuiver bloed. De herinnering aan hun
zelfopoffering en heldhaftige daden zal
nooit verdwijnen.*

*Moge hun zielen worden gebonden in de
bundel van het leven met de zielen van
Abraham, Isaak en Jakob, en met de zielen
van de andere helden en martelaren van
Israël die in de Hof van Eden zijn.
Amen.*

DE NATIONALE VLAG
EN HET LOGO VAN ISRAËL

Degel Jisraël (de vlag van Israël) werd officieel in gebruik genomen op 28 oktober 1948, vijf maanden na de oprichting van de staat. De afbeelding is een blauwe Davidster op een witte achtergrond, tussen twee horizontale blauwe strepen. Het basisontwerp herinnert aan de talliet, de Joodse gebedssjaal, die wit met blauwe strepen is. De ster in het midden is de *Magen David* (schild of ster van David). Wit is het symbool van licht, eerlijkheid, onschuld en vrede. Blauw symboliseert hoop, trouw, wijsheid, vertrouwen, intelligentie, geloof, waarheid en hemel.
Deze vlag, die aanvaard werd op het eerste Zionisten Congres in Bazel in 1897, werd door Joodse gemeenschappen over de hele wereld geaccepteerd als het Zionistische symbool. Het was daarom een logische stap deze vlag te kiezen voor de Staat Israel.

De Oostenrijkse Joodse dichter Ludwig August Frankl (1810-1894) was de eerste die het idee lanceerde dat blauw en wit de nationale kleuren van het Joodse volk waren. Meer dan drie eeuwen voor het Eerste Zionistische Congres publiceerde Frankl een gedicht, getiteld "Juda's kleuren".

Wanneer sublieme gevoelens zijn hart vullen,
Is hij gekleed in de kleuren van zijn land.
Hij staat in gebed,
gehuld in een sprankelend wit gewaad.
De zomen van de witte mantel
zijn bekroond met brede blauwe strepen;
Zoals de mantel van de hogepriester,
versierd met blauwe draden.
Dit zijn de kleuren van het geliefde land,
blauw en wit zijn de grenzen van Juda;
Wit is de uitstraling van het priesterschap,
en blauw de pracht van het uitspansel.

Naast een nationale vlag had de nieuwe Staat Israël ook een officieel embleem nodig.
Het Israëlische logo werd negen maanden nadat de Staat was uitgeroepen aanvaard.
De continuïteit en de vervulling van de Zionistische droom werd in het embleem gesymboliseerd.

Zacharia's visioen (Zacharia 4:1-3; 11-14) van de menora en de olijftakken, vertegenwoordigt het Zionistische idee van de herboren Staat Israël. Het stemt overeen met de herbouw van de tempel in Jeruzalem na de terugkeer in Sion. De twee olijfbomen vertegenwoordigen 'religie' en 'staat' (de 'twee gezalfde hoogwaardigheidsbekleders'- de hogepriester en de bestuurder) en samen realiseren zij de Zionistische droom.

HOOFDSTUK 13

JOM HAÄTSMAOET
ISRAËLS ONAFHANKELIJKHEIDSDAG

Jom Haätsmaoet wordt gevierd op de 5e dag van *iar* op de Hebreeuwse kalender. Op deze dag las David Ben-Gurion publiekelijk de Israëlische onafhankelijkheidsverklaring voor. De Gregoriaanse datum was 14 mei 1948. Als de 5e Iar op een vrijdag of zaterdag vallen, worden de feestelijkheden verplaatst naar de donderdag daaraan voorafgaand.

Jom Haätsmaoet begint rond 20.00 uur met een officiële opening op de Mount Herzl in Jeruzalem, die rechtstreeks op de televisie te zien is. De ceremonie bevat een speech van de voorzitter van de Knesset (het Israëlische parlement), artistieke prestaties (die de structuren vormen zoals een Menora of Davidster) en het ceremoniële aansteken van 12 fakkels, één voor elk van de 12 stammen van Israël.
De fakkelaanstekers zijn Israëlische staatsburgers die op een bepaald gebied een belangrijke bijdrage geleverd hebben.

Veel steden houden openluchtoptredens met toonaangevende zangers en vuurwerk.
Veel straten en pleinen zijn autovrij om mensen de gelegenheid te geven om te zingen en te dansen.

De volgende dag zie je regelmatig gevechtsvliegtuigen en IDF-helikopters overvliegen – onderdeel van de Onafhankelijkheidsdag activiteiten. De president, IDF-stafchef, premier en minister van Defensie zingen dan hun favoriete Onafhankelijkheidsdag liederen samen met de IDF-band en koor.
Later die dag eert de president 120 uitmuntende IDF-soldaten in zijn ambtswoning in Jeruzalem.

Andere activiteiten die op *Jom Haätsmaoet* plaatsvinden zijn:
⇒ Internationale Bijbel quiz in Jeruzalem
⇒ Israëlprijs uitreiking in Jeruzalem
⇒ Opening van sommige IDF-bases voor het publiek
⇒ Parade van de Israëlische strijdkrachten (1948-1973)
⇒ Hebreeuws songfestival (1960-1980)

In het hele land trekken Israëlische families naar de parken om te picknicken en te barbecueën (*mangal* in de volksmond). Het woord komt van het Arabische woord 'fornuis'.

Balkons en gebouwen zijn gedecoreerd met Israëlische vlaggen en kleine vlaggetjes wapperen aan de auto's. Veel Israëlis laten hun vlaggen hangen tot *Jom Jeroesjalajim* (Jeruzalem Dag).

Omdat het Opperrabbinaat *Jom Haätsmaoet* als Joodse feestdag heeft verklaard, spreken orthodoxe Joden de *Hallel (*Psalm 113-118) uit tijdens de synagogediensten.

Sommige Harediem (ultraorthodox) doen mee met de festiviteiten. De ultraorthodoxe Joden die horen bij de Satmar, Toldos Aaron, Toldos Avraham Yitzchak, en de Neturei Karta sektes, vieren geen *Jom Haätsmaoet*. Zij claimen dat de vestiging van een Joodse Staat voordat de Messias komt, zondig is. Sommige mensen vasten op deze dag en spreken gebeden uit voor vastendagen.

Israëlische Druzen, Bedoeïenen en Circassiërs (Kaukasus) vieren meestal wel Israëls Onafhankelijkheidsdag.

De meerderheid van de Arabieren, ook die in Israël wonen, zien de Onafhankelijkheidsdag van Israël als een tragische dag in hun geschiedenis. Zij noemen het *al-Nakba* (de catastrofe).

GOED OM TE WETEN

De openingsceremonie van Jom Haätsmaoet op Mount Herzl kan uitsluitend worden bijgewoond door genodigden. Je kunt wel proberen een ticket te krijgen om de generale repetitie bij te wonen, een paar dagen van tevoren. De straatfeesten in Jeruzalem bijwonen is een ervaring die je niet snel zal vergeten. Mensen 'slaan' elkaar op het hoofd met grote opblaasbare hamers. Trek niet je beste kleren aan, want je zou met schuim bespoten kunnen worden!

AL HA NISIEM
(voor de wonderen)

Dit dankzeggingsgebed werd gecomponeerd in het Talmoedische tijdperk. Het wordt gereciteerd tijdens de *Amida,* gebed na de maaltijd, en de *Chanoeka-* en *Poerimfees*ten. Sommige gemeenschappen koppelen de tekst aan de Onafhankelijkheidsoorlog (1948).

"Wij danken U voor de wonderen, de verlossing, de machtige daden en reddende handelingen die u hebt uitgevoerd, evenals voor de oorlogen die u voerde, voor onze vaderen in dagen als vanouds, in deze tijd."

HOOFDSTUK 14

LAG BAOMER

Lag Baomer (Lag Laomer bij Sefardische Joden) valt op de 33ste dag van de omertelling op 18 *iar.* (Meestal in mei)
Het is een feestdag waarop de rouw van de omertelling wordt onderbroken, omdat volgens de Talmoed op die dag de pest ophield, waaraan 24.000 leerlingen van rabbi Akiva stierven. Vanaf die tijd werd *Lag Baomer* een feestdag.
Van de vijf overgebleven studenten onder rabbi Akiva werd Rabbi Sjimon bar Yochai de belangrijkste Tora-leraar van zijn generatie. Akiva besloot dat zijn leerlingen de Romeinse overheersers moesten bestrijden. Om niet op te vallen trokken zij jagerskleding aan en trokken de bossen in om daar met pijl en boog te oefenen. Uiteindelijk sloten deze leerlingen zich aan bij de Bar Kochba opstandelingen.

De oude Romeinen geloofden dat het ongeluk bracht om in mei, voor de graanoogst, te trouwen. Volgens hen keerden in deze periode de zielen van overleden mensen naar de aarde terug om de levenden te achtervolgen. Dit kon alleen stoppen door begrafenissen te houden, niet door trouwerijen. Deze 32 dagen periode eindigde met een feest op de 33e dag.
Dit Romeinse gebruik viel samen met het Joodse Lag Baomer.

In de middeleeuwen werd *Lag Baomer* een speciale feestdag voor rabbinale studenten. Op deze zogenaamde 'studiedag', was het gebruikelijk om buitensporten te beoefenen.
In de oudheid maakten de boeren zich tijdens de omertelling zorgen (en dat doen ze nog steeds) of de graanoogst zou slagen of mislukken. Het lenteweer in Israël is altijd onstabiel. Hittegolven (*sjarav*) kunnen de gewassen uitdrogen of het staande koren verbranden.
Een ander gevaar zijn sprinkhanen, andere insecten of plantenziekten. Totdat de boer weet of het een goede oogst zal worden, is hij niet in de stemming voor feestjes.

De semi-rouw periode eindigt op de 33e dag van de omertelling. Onder de Asjkenazische Joden worden trouwerijen, feesten, muziekfestivals en het knippen van haar samen op dezelfde dag gepland. Veel Sefardische Joden trouwen op *Lad Baomer,* de 34e dag van de omertelling.

's Avonds, het begin van een nieuwe dag, worden in het hele land enorme vreugdevuren ontstoken. Kinderen beginnen na het Paasfeest vaak al hout te verzamelen.

Sommige mensen geloven dat de herkomst van de vreugdevuren herleid kan worden naar Bar Kochba, die in Jeruzalem vuren ontstak om aan omliggende dorpen en steden het signaal te geven dat de hoofdstad was veroverd. Op hun beurt staken de dorpen vuren aan die nog veel verder gezien konden worden.

De volgende dag gaan families picknicken en vinden veel activiteiten in de bossen plaats. Nog steeds spelen de kinderen met pijl en boog, maar nu voorzien van rubber doppen.

De Mount Meron vieringen dateren uit de tijd van Rabbijn Isaac Luria (1534-1572). Vanaf die tijd is het de gewoonte om jongetjes van drie jaar oud tijdens *Lag Baomer* voor het eerst hun haar af te knippen (*oepsjerien**).

De Zionistische ideologie verbond *Lag Baomer* met de Bar Kochba opstand tegen het Romeinse Rijk. De feestdag werd een symbool van de strijd voor de Joodse strijdkracht.

Het Gadna programma (jeugd brigades) van de IDF (Israëlische strijdkrachten) werd opgericht op *Lag Baomer* in 1941. Hun embleem heeft een pijl en boog.
De IDF werd officieel opgericht op *Lag Baomer* in 1948. In 2004 werd *Lag Baomer* de dag waarop IDF reservisten geëerd worden.

OEPSJERIEN

Oepsjerien (Jiddisj, letterlijk: afscheren) of chalaka, is een Joodse haarknip ceremonie, Kabbalistisch van oorsprong, die wordt gedaan als een Joods jongetje 3 jaar is.
De *oepsjerien* traditie is (voor het jodendom) relatief modern en terug te leiden naar de 17e eeuw.

R. Yehida Leibush Horenstein, een chassidische rabbijn die halverwege de 19e eeuw naar Ottomaans Palestina emigreerde, schreef dat *"Dit gebruik van haarknippen, genaamd chalaka, gedaan werd door de Sefardim in Jeruzalem bij het kever (graf) van Sjimon bar Yochai tijdens de zomer. Maar tijdens de winter namen ze de jongetjes mee naar de synagoge, ofwel beet midrasj, en voerden deze eerste knipbeurt uit met grote vieringen en feesten, iets wat onbekend is bij de Joden in Europa."*
Omdat er geen Hebreeuwse of Jiddische naam voor dit gebruik was, werd het genoemd naar het Jiddische woord '*oepsjerien*'.

In de chassidische gemeenschap geeft de *oepsjerien* een jongetje toegang tot het officiële onderwijssysteem en het begin van de Torastudie.

Van nu aan zal het een *kipa* en tsietsiet** dragen. Het jongetje leert de gebeden en begint ook de Hebreeuwse letters van het alfabet te leren, opdat de Tora 'zoet op de tong' zal zijn. Terwijl hij de Hebreeuwse letters leest, likt het jongetje de honing eraf die erop is gesmeerd.

Sommige gemeenschappen wegen het haar dat in de *oepsjerien* ceremonie is afgeknipt, en geven het bedrag wat ze daarvoor krijgen aan een goed doel. Als het haar lang genoeg is, kan het gedoneerd worden aan een liefdadigheidsinstelling die er pruiken van maakt voor kankerpatiënten.
Een andere traditie is dat iedere gast een haarlok afknipt, en het jongetje dan voor iedere lok een munt in de *tsedaka* doos (daad voor gerechtigheid of liefdadigheid) mag stoppen.

Tijdens de omertelling is haarknippen niet toegestaan, maar wel op *Lag Baomer.* Dit is de reden waarom jongetjes die 3 jaar worden tussen Pasen en *Lag Baomer oepsjerien* vieren op deze datum.

De grootste *Lag Baomer*-vieringen worden gehouden bij het graf van Rabbijn Sjimon bar Yochai in Meron, in Galilea. Shimon bar Yochai was een beroemde Tannaïtische wijsgeer uit de eerste eeuw die actief was na de verwoesting van de Tweede Tempel in 70 AD. Hij was een van de meest vooraanstaande leerlingen van rabbijn Akiva, en aan hem wordt het auteurschap van de Zohar toegeschreven; het belangrijkste werk van de *kabbala**. Rabbijn Isaac Luria, (1534-1572) een Joodse mysticus van Safed dat toen deel van Ottomaans Palestina was, wordt beschouwd als de vader van de hedendaagse kabbala. Toen hij leefde deelden ouders wijn en zoetigheden uit als hun zoontje zijn eerste haarknipbeurt had. Deze gewoonte is vandaag nog steeds populair.

Nu reizen veel orthodoxe Joden naar de Meronberg om de *oepsjerien* van hun zoontje te vieren.

Jeruzalemmers die niet naar Meron kunnen reizen, vieren dit bij het graf van Sjimon Hatzaddik (de rechtvaardige).

De Bijbel vergelijkt het menselijk leven soms met het groeien van de bomen.

Leviticus 19:23 leert ons dat men de eerste 3 jaar geen vruchten van de boom mag plukken. Sommige Joden passen dit principe toe door pas als een jongetje drie jaar is, zijn haar te knippen.

Chassidische Joden hopen dat het kind zal groeien als een boom, groot worden en vrucht voortbrengen. Zij hopen ook dat hij zal groeien in kennis en goede daden, en op een dag een eigen gezin zal hebben. Sommige gemeenschappen noemen een jongetje voor zijn eerste knipbeurt een *orla,* hetzelfde woord dat wordt gebruikt voor een jonge boom.

DE KIPA- JARMOELKE

Een *kipa* (meervoud *kipot*) is een hoofdbedekking die orthodoxe Joodse mannen dragen om hun respect voor God te tonen.

De Talmoed stelt *"Bedek je hoofd zodat de vreze des hemels op je zal zijn".* Rabbijn Hunnah ben Joshua liep nog geen twee meter met een onbedekt hoofd: *"Omdat de Goddelijke aanwezigheid altijd boven mijn hoofd is."*

Volgens de *Sjoelchan Aroech* (vierdelige, meest gezaghebbende halachische codex, verzameling rechtsregels, door Joseef ben Efrajim Caro (Venetië 1565), wordt Joodse mannen sterk aangeraden om hun hoofd te bedekken. En als ze dat doen, zouden ze niet meer dan vier el, twee meter, blootshoofds moeten lopen. Je hoofd bedekken, door bijvoorbeeld een *kipa* te dragen, wordt beschreven als 'het eren van God'.

In Middeleeuws Europa droegen Joden een kenmerkende hoed met rand en een centrale punt of een langwerpige top. Hoewel het oorspronkelijk werd gedragen om zich van anderen te onderscheiden, eisten sommige overheden het dragen daarvan verplicht als een discriminerende maatregel.

In de Verenigde Staten droegen rabbijnen in het begin van de 19e eeuw vaak een academische muts (grote schotelvormige muts van stof, zoals een baret), of een Chinees kalotje. Andere Joden uit deze eeuw droegen zwarte als pillendozen gevormde *kipot.*

Religieuze Joden moedigen jongetjes aan om vanaf een jonge leeftijd een *kipa* te dragen.

De kleur, stof of het weefsel van de *kipa* een specifieke religieuze stroming aanduiden.

Religieuze Zionisten dragen vaak gebreide of gehaakte *kipot, ('kipot serugot')*, maar modern-orthodoxe Joden dragen ook suède of zelfs leren *kipot.*

Bucharan kipot (rijke patronen en levendige kleuren, afkomstig uit Aziatische landen) zijn populair bij kinderen en worden ook gedragen door liberale Joden, feministen en reform-Joden.

Jeminitische *kipot* zijn typisch van zwart fluweel met een 1-2 centimeter geborduurde strook rondom met een grote geometrische band en een bloemen- of paisley patroon.

De meeste Harediem dragen een zwartfluwelen of een stoffen *kipot.* In het algemeen kun je zeggen: hoe groter de kipa, hoe traditioneler de drager. Maar ook: hoe kleiner de *kipa*, hoe moderner en liberaler de persoon is.

In Jeruzalem zie je soms mannen die hun hoofd volledig bedekt hebben met een wit gehaakte *kipa,* soms met een gebreide bol of kwast bovenop. Verwar hen niet met moslims die soms een soortgelijke 'kipa' dragen. Het zijn de volgelingen van de overleden Rabbijn Yisroel ber Odesser. De spreuk *"Nach Nachma Nachman Me'oeman"* is erop gehaakt of geborduurd.

Moderne *kipot* zijn verkrijgbaar in allerlei kleuren, soms met logos van sportteams of voetbalteams.

Sommige *kipot* hebben aan de binnenkant een inscriptie als souvenir aan een *bar/bat mitswa** viering of een trouwerij.

Er zijn ook speciale vrouwen*kipot.*

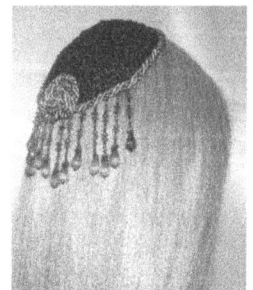

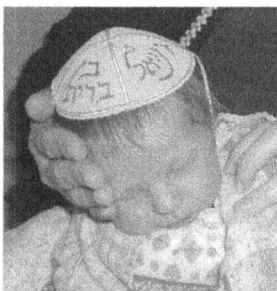

Een baby *kipa* heeft lintjes die gestrikt worden. Deze worden gebruikt tijdens een *briet mila/briet hamila** (besnijdenis) ceremonie.

HOOFDSTUK 15

JOM JEROESJALAJIM
JERUZALEM DAG

De 28e *ijar* is een nationale feestdag waarop de hereniging van Jeruzalem in 1967 en het Israëlische bestuur over de Oude Stad in juni 1967 wordt gevierd. Vanaf de Onafhankelijkheidoorlog in 1948 was Jeruzalem 19 jaar lang een verdeelde stad. De hoofdstad van Israël werd herenigd tijdens de 6-daagse oorlog in 1967.

Op 12 mei 1968 riep de regering een nieuwe feestdag uit, Jeruzalemdag. Het moest gevierd worden op de 28e *Ijar*, de Hebreeuwse datum waarop de verdeelde stad Jeruzalem weer één werd (meestal mei of begin juni). Op 23 maart 1998 nam de Knesset de 'Jeruzalem dag wet' aan zodat het een nationale feestdag werd.

Het opperrabbinaat van Israël verklaarde Jeruzalem dag tot een min of meer religieuze feestdag om God te danken voor de overwinning in de 6-daagse oorlog en voor de verhoring van het 2000 jaar oude gebed "Volgend jaar in Jeruzalem".
Deze dag wordt gekenmerkt door staatsplechtigheden, herdenkingsdiensten voor soldaten die sneuvelden in de strijd voor Jeruzalem, en parades in het centrum van Jeruzalem.

In synagogen wordt het Hallel* gebed en andere zegeningen uitgesproken.

Israëlische scholen leren de kinderen over de betekenis van Jeruzalem en houden feestelijke bijeenkomsten. Deze dag wordt wereldwijd op Joodse scholen herdacht.

Jeruzalem, de hoofdstad van Israël, is een grote en bloeiende stad geworden. Vanuit de hele wereld komen toeristen hier naartoe om haar geschiedenis te leren of om een pelgrimstocht naar heilige plaatsen te maken. Jeruzalem is een verbindingspunt voor de drie belangrijkste religies: Jodendom, christendom en islam.

Op 7 juni 1967, de dag dat Jeruzalem werd bevrijd, verklaarde defensieminister Moshe Dayan:
"Deze morgen hebben de Israëlische strijdkrachten Jeruzalem bevrijd. Wij hebben Jeruzalem herenigd, de gedeelde hoofdstad van Israël. We zijn teruggekeerd naar onze heiligste van alle plaatsen, om die nooit meer te verlaten. Wij steken onze hand in vrede uit naar onze Arabische buren, ook op dit uur, juist op dit uur, en met extra nadruk.
En onze christelijke- en moslim medeburgers beloven we plechtig volledige religieuze vrijheid en rechten. We zijn niet naar Jeruzalem gekomen vanwege de heilige plaatsen, ook niet om aanhangers van andere geloven te belemmeren, maar om het geheel veilig te stellen, en in eenheid met elkaar te wonen."

Deze declaratie is nog steeds van kracht.

UITSPRAKEN OVER JERUZALEM

◆ "Indien Ik u vergeet o Jeruzalem, zo vergeet mijn rechterhand zichzelf".
Psalm 137:5

◆ "Bid om vrede voor Jeruzalem, laat het
goed gaan met hen die u liefhebben.

◆ Laat vrede binnen uw vestingwal zijn, rust
in uw burchten. Omwille van mijn broeders
en mijn vrienden spreek ik nu: Vrede zij in
u! Omwille van het huis van de HEERE,
onze God, zal ik het goede voor u zoeken." Psalm 122: 6-9

◆ Schoon door zijn verhevenheid, een
vreugde voor de ganse aarde

◆ Tien maten schoonheid daalden op de
wereld neer; negen werden genomen door
Jeruzalem en één door de rest van de
wereld.

◆ Een stad die alle Joden samenvoegt omdat ze allen deelgenoot van haar zijn.

◆ Voor eenieder die bidt in Jeruzalem is het
alsof ze voor de hemelse troon bidden.

◆ Toen Jeruzalem werd verwoest treurde
zelfs God, en er zal geen vreugde voor
Hem zijn totdat het is herbouwd en Israël
terugkeert in zijn midden.

◆ Als een Jood bidt, moet hij Jeruzalem noemen.

◆ Jeruzalem heeft 70 namen, waaronder:
Stad van David (2 Samuel 5:9); Ariël,
[Leeuw] van David (Jesaja 29:1); Stad van
God (Psalm 87:2); Stad van Waarheid
(Zacharia 8:3); Stad van Vreugde (Jesaja
22:2); Stad van gerechtigheid, trouwe
Stad (Jesaja 1:26) en Volmaakt van
schoonheid, (Klaagliederen 2:15)

ירושלים

GOED OM TE WETEN

Op Jeruzalem dag wordt de zogenoemde
'Vlaggenparade' gehouden. Meestal
beginnend bij het Sacher Park, zingen en
dansen de blijde deelnemers (meest
religieuze jongeren) op hun weg naar de
Oude Stad. De parade eindigt bij de
Klaagmuur. Koop een vlag en doe mee!

HOOFDSTUK 16

SJAVOEOT - WEKENFEEST

Het Wekenfeest valt op 6 en 7 *sivan,* genoemd naar de zeven weken die worden geteld vanaf Pesach (Lev. 23:15-16).

"En wanneer u in het land komt dat de HEERE, uw God, u als erfelijk bezit geeft, en u dat in bezit neemt en erin woont, moet het zó zijn dat u van de eerstelingen neemt van alle vruchten van het land, die u binnenhaalt van uw land, dat de HEERE, uw God, u geeft; en u moet die in een korf leggen en naar de plaats gaan die de HEERE, uw God, zal uitkiezen om Zijn Naam daar te laten wonen. U moet naar de priester gaan die er in die dagen zal zijn, en tegen hem zeggen: Ik verklaar heden voor de HEERE, uw God, dat ik gekomen ben in het land dat de HEERE onze vaderen gezworen heeft ons te geven."

Deuteronomium 26:1-3

"Ook moet u voor uzelf het Wekenfeest houden, dat is het feest bij de eerste vruchten van de tarweoogst; en ook het Feest van de inzameling, bij de jaarwisseling."

Exodus 34:22

In Israël wordt *Sjavoeot* slechts in één dag gevierd; op de 6e dag van de Hebreeuwse maand *sivan* (meestal eind mei, begin juni).
In de Diaspora vieren Joden het in 2 dagen.
Het christelijke Pinksteren valt altijd op de 7e zondag na Pasen.

Sjavoeot betekent 'weken' en refereert aan de telling van zeven weken vanaf de tweede dag van Pasen. Deze periode wordt de 'omertelling' genoemd.

Sjavoeot is het enige pelgrimsfeest waarover in de Bijbel geen specifieke datum staat wanneer deze gevierd moet worden.

VERSCHILLENDE BENAMINGEN VAN SJAVOEOT:

- *Chag Sjavoeot* (wekenfeest)
- *Chag Hakatsier* (oogstfeest)
- *Jom Habikoeriem* (dag van de eerste vruchten)
- *Pentecost* (Grieks voor 50)

Ongeveer zeven weken na hun vertrek uit Egypte ontvingen de Israëlieten de Tora op de berg Sinaï. Toen ze na 40 jaar het Beloofde Land binnenkwamen, werd Sjavoeot gerelateerd aan de graanoogst. Tijdens Pasen begint de oogsttijd met de gerst oogst en eindigt met de tarweoogst op *Sjavoeot.* Het oogstseizoen was meestal een vreugdevol seizoen.

Vroeger brachten Joodse boeren hun eerste vruchten naar de tabernakel in Shilo. In de eerste en de Tweede Tempelperiode brachten ze hun gevulde manden naar de tempel in Jeruzalem. *Bikoerim* (eerste vruchten) moesten van de 'zeven soorten' zijn; tarwe, gerst, druiven, vijgen, granaatappels, olijven en dadels (Deuteronomium 8:7-8).

Als de eerste vruchten verschenen bond de boer een rietstengel om de vrucht heen en verklaarde: *"Dit is de eerste vrucht"*. Zich voorbereidend op de pelgrimage naar Jeruzalem, deden de rijke mensen hun vruchten in gouden of zilveren manden, terwijl de arme mensen manden gebruikten van geschilde wilgentakken. Ossen, hun horens verguld en omwikkeld met bloemenslingers, trokken de zwaarbeladen karren.

Uit het hele land trokken mensen naar bepaalde steden, waar een lokale leider verantwoordelijk was voor de pelgrims. Om niet het risico te lopen ritueel onrein te worden bleef men buiten, op de pleinen slapen. Bij het eerste daglicht trokken de pelgrims samen op naar Jeruzalem, dansend en zingend: *"Ik ben verblijd, wanneer zij tegen mij zeggen: Wij zullen naar het huis van de HEERE gaan!"* Psalm 122:1. Zodra zij de stad binnenkwamen, zongen de pelgrims vol blijdschap: *"Onze voeten staan binnen uw poorten, Jeruzalem!"* Psalm 122:2

Jeruzalemmers verwelkomden hen met: *"Onze broederen van....,welkom en vrede zij u!"*

Met de manden op hun schouders (zelfs de koning moest zijn eigen mand dragen), boden de mensen hun offers aan de priesters. Als een pelgrim zijn mand aan de priester gaf, moest hij reciteren: *"Mijn vader was een rondtrekkende Syriër. Hij trok naar Egypte en verbleef daar als vreemdeling met weinig mensen, maar hij werd daar tot een groot, machtig en talrijk volk."* Deuteronomium 26:5.

De manden werden eigendom van de priesters en de Levieten, die de 'eerstgeboren' zonen van de Israëlieten vertegenwoordigden. Schouder aan schouder verblijdde rijk en arm zich over al het goede dat God hen en hun families had gegeven (Zie Deuteronomium 26:11).

Bikoerim heeft dezelfde wortel als *bechor* (eerstgeborene). Alle eerstelingen behoren God toe, zowel mens als dier. Israël was Gods "eerstgeborene", en in erkenning van Zijn eigendom van de grond en Zijn soevereiniteit over de natuur, moeten de eerste granen en vruchten aan Hem geofferd worden.

In de tempel maalden de Levieten de tarwe tot fijn meel, waarvan twee gezuurde broden werden gebakken en gegeten door de priesters. Dit was de enige keer dat gezuurd brood werd gebruikt; alle andere graanoffers moesten ongezuurd geofferd en verbrand worden.

Tijdens *Sjavoeot* werd op trompetten en fluiten gespeeld voor het altaar.
"En op de dag van uw blijdschap, op uw feestdagen en aan het begin van uw maanden moet u ook op de trompetten blazen, bij uw brandoffers en bij uw dankoffers. Ze dienen u tot gedachtenis voor het aangezicht van uw God. Ik ben de HEERE, uw God." Numeri 10:10

Na de verwoesting van de eerste en de Tweede Tempel werd de nadruk verschoven naar de gedenkdag waarop de Tora op de berg Sinaï werd ontvangen. Omdat de eerste vruchten niet meer geofferd konden worden stelde rabbijnen voor om het te veranderen in liefdadigheid. In de middeleeuwen werd het traditie om met de formele Joodse (religieuze) opvoeding van jonge kinderen te beginnen rond de tijd van *Sjavoeot*.

Het Boek Jubileeën (ook wel genoemd de *Leptogenesis*, de 'kleine Genesis') loopt parallel aan Genesis en delen van Exodus. Tussen 1947 en 1956 werden 15 Hebreeuwse 'Jubilee rollen' gevonden in Qumran. Hoewel waarschijnlijk tussen 135-105 voor Christus geschreven, waren deze rollen bekend bij vroege christelijke schrijvers en rabbijnen. Het boek Jubileeën associeert Sjavoeot met het verbond en de Tora en ook met de verbonden die God maakte met Noach en Abraham, als een offer van de eerste vruchten.

Oriëntaalse orthodoxe kerken beschouwen het Book Jubileeën nog steeds als een belangrijk deel van de Bijbel. Het boek beschrijft de eerste Sjavoeot als de verschijning van de eerste regenboog; de dag dat God een verbond sloot met Noach. Andere apocriefe boeken, Tobit en 11 Makkabeeën noemen ook het 'Wekenfeest'.

MODERNE (ASJKENAZISCHE) *SJAVOEOT* VIERINGEN

Volgens deze stroming in het judaïsme moet *Tora resjiet* - eerst komen. Deze zijn gekoppeld aan een serie gebruiken waarvan de eerste letter het woord *'achariet'* (laatst), vormen. Zo zijn er:

1. *Akdamot*
2. *Chalavie* (melk)
3. Ruth
4. *Jerek* (groen)
5. Tora

1. Akdamot – een liturgisch gedicht, die wordt gelezen in de synagoge. Het is geschreven door Rabbijn Meir bar Yitzchak van Worms (Duitsland), wiens zoon werd vermoord tijdens de Kruistochten van 1096.

2. *Chalav* – melk. De rabbijnen beargumenteren dat vanwege de Israëlieten die geen tijd genoeg hadden om vlees voor Sjavoeot voor te bereiden, ze gebruikten alleen zuivelproducten. Het is een algemeen gebruik om tijdens Sjavoeot kwarktaart en *blintzes* (pannenkoeken gevuld met kwark) te eten.

3. **Ruth.** Na de ochtenddienst wordt de boekrol van Ruth in de synagogen gelezen, omdat het de oogstperiodes beschrijft, en hoe Ruth bij het Joodse volk ging horen door de Tora te aanvaarden.

Bekeerlingen tot het jodendom worden nu als eervol gezien. De traditie vertelt ons dat koning David (die de geslachtslijn vormt van Boaz en Ruth) werd geboren en stierf op *Sjavoeot.* Veel mensen bezoeken zijn graf op de berg Sion in Jeruzalem tijdens het feest.

4. *Jerek* – groene takken. Huizen en synagogen worden gedecoreerd met groene takken. De *bima** (platform) waar de Tora lezingen plaatsvinden, lijkt dan op een *choepa** (trouwbaldakijn). Mozes, de koppelaar, bracht het Joodse volk (bruid) naar de chuppah (berg Sinaï) om te trouwen met de bruidegom (God). De Tora was de *ketoeba**, het huwelijkscontract.

5. **Torastudie.** De gewoonte om de hele nacht een Torastudie te doen, is begonnen in 1553 door een Griekse Kabbalistische rabbijn. Tot in de kleine uurtjes worden door verschillende leraren diverse onderwerpen onderwezen, zodat 'de nacht voorbij gaat als een droom'.

Zodra de zon opkomt wordt het ochtendgebed uitgesproken, gevolgd door het zingend reciteren van de tien geboden.

Ter ere van de geboorte en de dood van koning David op *Sjavoeot,* worden zijn Psalmen ook gelezen.

In 1890 werden seculiere *Sjavoeot*-vieringen geïntroduceerd door de kibboetsen (collectieve woongemeenschappen). Omdat ze agrarische gemeenschappen waren, werden de eerste vruchten van de oogst van elke kibboets tijdens een feestelijke ceremonie gepresenteerd aan de gemeenschap en de gasten. Later begonnen fabrieksproducten een ereplaats te krijgen in de parades.

Maar het hoogtepunt was (en is nog steeds) wanneer trotse ouders hun "oogst van nieuwgeboren baby's" presenteren aan de gemeenschap.

> *Het land Israël,*
> *de zegen van zijn grond,*
> *omarmde het huis van de Jood*
> *waar hij ook woonde*
>
> **Abba Kovner**

Tammoez is de vierde maand van het Joodse jaar, in juni-juli, en de tiende maand bij telling vanaf *Rosj Hasjana*. Op de vastendag, de zeventiende *Tammoez (sjieva assar be-tammoez)* wordt herdacht dat Mozes de tien geboden stukgooide, en eveneens wordt het doorbreken van de muren van Jeruzalem voor de vernietiging van de Tweede Tempel op die dag herdacht. Het is het begin van de drie weken van rouw die leiden tot *Tisja Beav* (Treurdag om Jeruzalem).

HOOFDSTUK 17

TISJA BEAV – DE NEGENDE AV

De negende *av* valt gebruikelijk in het midden van de zomervakantie, in augustus.
Op deze plechtige dag herdenkt het Joodse volk de verwoestingen van hun tempels door 24 uur te vasten en te bidden. In Israël zijn de meeste restaurants en uitgaansgelegenheden op deze dag gesloten.

Door de eeuwen heen was *Tisja Beav* een zwarte dag in de Joodse geschiedenis.
De Misjna noemt specifieke gebeurtenissen die plaatsvonden:

♦ Op deze dag keerden de 12 verspieders bij Mozes terug; tien van hen hadden slecht nieuws over het Beloofde Land.
♦ In 586 voor Christus verwoestte Nebukadnezar Salomo's tempel en werd het Joodse volk in ballingschap naar Babylonië gevoerd.
♦ 70 Na Christus werd de Tweede Tempel verwoest door de Romeinen en het volk van Judea verstrooid. Dit was het begin van de Joodse ballingschap.
♦ In 135 na Christus werd de opstand van Bar Kochba onderdrukt en Betar verwoest.
♦ Jaren later werden er meer *Tisja Beav* rampen toegevoegd aan de lijst van herdenkingen.

Tegenwoordig wordt herdacht dat:

♦ in 1290 alle Joden werden verdreven uit Engeland;
♦ in 1492 de Joden uit Spanje werden verdreven;
♦ de Joden in Wenen hetzelfde lot ondergingen – zij konden in 1670 terugkeren;
♦ in 1914 de Eerste Wereldoorlog officieel begon op de 9e Av, toen Duitsland de oorlog aan Rusland verklaarde.

In de periode tussen de 17e *tammoez* (juli) tot de 9e Av (augustus) eten religieuze Joden geen vlees, ze drinken geen wijn (behalve op Sjabbat), ze dragen geen nieuwe kleren en plannen geen vrolijke gebeurtenissen, zoals trouwerijen en inwijding van een nieuw huis. De meer dan 24 uur durende vastendag begint bij zonsondergang op de 9e *Av*.

In de synagoge wordt de ark waarin de Torarollen staan in een zwarte doek gewikkeld en de lichten worden gedoofd. De mensen zitten op de vloer of op lage stoelen. De mannen dragen alleen sokken of slippers dragen, geen (leren) schoenen. Zoals tijdens een *sjiva*, groet men elkaar niet met 'sjalom'.
Torastudie is verboden, omdat dit beschouwd wordt als een vreugdevolle activiteit. Tijdens deze vastendag wordt Klaagliederen, Job, en delen uit Jeremia in de synagoge voorgelezen. Ook worden klaaggedichten voor *Tisja Beav*, *Kinot* (geschreven tijdens de middeleeuwen), gereciteerd.

Orthodoxe Joden geloven dat wanneer de Messias komt, *Tisja Beav* een feestdag zal worden in plaats van een treurdag.

"Zo zegt de HEERE van de legermachten: Het vasten in de vierde, het vasten in de vijfde, het vasten in de zevende en het vasten in de tiende maand, zal voor het huis van Juda worden tot vreugde, tot blijdschap en tot vreugdevolle feestdagen. Heb dan de waarheid en de vrede lief!"
Zacharia 8:19

Een religieuze Jood zal nooit zijn oude gebedenboek weggooien, of een Torarol afdanken. Deze worden op een speciale plaats bewaard (*geniza**) en begraven op *Tisja Beav*.

Hoofdstuk 18
TU BEAV

Tu Beav - de 15e dag (*tet*= 9; *wav*= 6; 9+6=15) van de Hebreeuwse maand *Av*, is een van de minder bekende feestdagen op de Joodse kalender. Deze dag heeft aan populariteit gewonnen sinds de oprichting van de Staat Israël.

Minder dan een week na de treurzangen van *Tisja Beav,* is het tijd voor *Tu Beav* – het feest van de liefde. (De Joodse Valentijnsdag). Net zoals *Chanoeka, Poerim en Tisja Beav*, is het een rabbijnse (na-Bijbelse) toevoeging aan de feestdagen-kalender. *Tu Beav* valt tijdens de volle maan en is daarom gekoppeld aan liefde, vruchtbaarheid en romantiek.

Tu Beav wordt het eerst in de *Misjn*a* genoemd, waar staat: *"Er waren geen betere dagen voor het volk Israël dan de 15e Av en Jom Kipoer, toen op deze dagen de dochters van Jeruzalem in het wit gekleed gingen en dansten in de wijngaarden. En waar ze zeiden: jonge mannen, denk na wie je kiest (om je vrouw te worden)".* (Taanit 4:8). Volgens Rabban Shimon ben Gamliël (10 voor Chr.- 70 na Chr.) werd het toegestaan dat op deze dag *"de stammen van Israël zich met elkaar vermengden".* De feestdag werd ingesteld in de Tweede Tempelperiode om het begin aan te duiden van de druivenoogst, die eindigde op *Jom Kipoer.*

De Talmoed noemt nog andere *Tu Beav* hoogtepunten:
- Op de 14e en de 15e Av, zegevierden de Farizeeën over de Sadduceeën.
- Leden van de stam Benjamin werden weer opgenomen in de gemeenschap.
- Van de generatie die Egypte had verlaten was niemand meer in leven.

- Koning Hosea, van het noordelijk koninkrijk, veranderde de beperkingen van koning Jerobeam die de noorderlingen verbood om bedevaarten naar Jeruzalem te maken.
- De Romeinen stonden de Joden toe hun doden te begraven die in Beitar waren gesneuveld.

In Bijbelse tijden dansten bruiden-in-spé in Shiloh, in een gemeenschap in Samaria, die de eerste hoofdstad van Israël was.

Nu zijn de Joden teruggekeerd naar de wijngaarden van Shiloh. En terwijl er gezongen wordt dansen opnieuw de ongetrouwde meisjes in de wijngaarden.

Tu Beav, de dag van de liefde, is een favoriete datum voor Joodse trouwerijen. Hoewel het een reguliere werkdag is, worden er door het hele land muziek- en dansfestivals gehouden. Israëli's sturen kaarten en bloemen naar hun geliefden. Deze gebruiken worden in alle geledingen van de Israëlische maatschappij gevierd, of ze zich nu religieus of niet-religieus beschouwen.

> **GOED OM TE WETEN**
> De gemeenschap van Shiloh in Samaria organiseert speciale evenementen tijdens *Tu Beav,* zoals wandeltochten naar Tel Shiloh, naar het gedeelte waar de tabernakel stond.

HOOFDSTUK 19

INLEIDING TOT DE HOGE FEESTDAGEN

"Spreek tot de Israëlieten en zeg: In de zevende maand, op de eerste dag van de maand, moet u een rustdag houden, een gedenkdag aangekondigd door bazuingeschal, een heilige samenkomst."
Leviticus 23:24

Rosj Hasjana - Joods nieuwjaar, op 1 en 2 *tisjri*; andere namen: *Jom Hadien, Jom Hazikaron, Jom Troea;* De Hebreeuwse maand *eloel* (augustus/september) is de maand van de "Hoge Feestdagen". De periode tussen *Rosj Hasjana* (Joods Nieuwjaar) en *Jom Kipoer* (Grote Verzoendag) wordt ook wel "de tien ontzagwekkende dagen" genoemd vanwege de noodzaak van zelfonderzoek en berouw.

Rosj Hasjana (letterlijk: hoofd van het jaar) is het begin van de Joodse maand *tisjri* (september/oktober) tisjri is het Aramese woord voor 'beginnen'. Het wordt twee dagen gevierd en wordt gezien als een dag van oordeel. Op de eerste dag vindt het *tasjliech** (je zult werpen) ritueel plaats, waarin zonden symbolisch worden geworpen in open water. Tegenwoordig gooit men brood en kiezelsteentjes.

Rosj Hasjana is een rustdag, net zoals de *Sjabbat*. De klank van de *sjofar** (ramshoorn) is bedoeld om mensen te wekken uit hun sluimering en hen te waarschuwen voor het komende oordeel. De dagen van berouw beginnen met *Rosj Hasjana* en bereiken hun hoogtepunt op Jom Kipoer. Religieuze Joden geloven dat, door in de komende tien dagen hun leven te beteren, zij het oordeel in hun voordeel kan veranderen. Dit is de reden waarom men aardig doet tegen elkaar in deze periode.

In de weken voorafgaand aan de feestdagen, groet men elkaar met 'Sjana tova' (een goed jaar) of 'Sjana tova oemetoeka' (een goed en zoet nieuwjaar). Vaak voegen ze 'Gmar chatima tova' toe (letterlijk: een goede handtekening) – dat je mag worden ingeschreven in het Boek des Levens) refererend aan *Jom Kipoer*, Grote Verzoendag.

Appel en honing, die een zoete nieuwe jaar symboliseren, zijn een deel van het feestmaal. Ander symbolisch voedsel is een vissenkop ('hoofd' van het nieuwe jaar) en een ronde *chala* die voor de jaarcyclus staat.

In de oudheid was *Rosj Hasjana* het begin van het economische jaar. De nadruk lag op de agrarische seizoenen en op de pelgrimsfeesten (Pesach, Wekenfeest en Loofhuttenfeest). Toen werd het slechts één dag gevierd, in plaats van de twee dagen tegenwoordig. *Rosj Hasjana* wordt gezien als de gedenkdag van Gods schepping. Op deze dag staat de mensheid voor de Schepper, zoals schapen voor de herder. Drie boeken worden geopend – het Boek des Levens, die de rechtvaardige verzekert dat hij zal leven; de goddelozen worden uit het levensboek verwijderd (zie Psalm 69:29), terwijl degene er tussenin tot *Jom Kipoer* tijd hebben om tot inkeer te komen en rechtvaardig te worden.

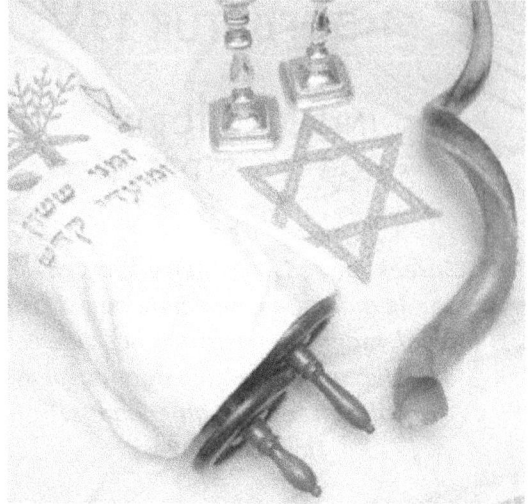

SEFER HACHAJIEM
HET BOEK DES LEVENS

"Toen zei de HEERE tegen Mozes: Wie tegen Mij zondigt, zal Ik uit Mijn boek schrappen." Exodus 32:22

In het jodendom (en christendom) is het Boek des Levens (*Sefer Hachajiem*) het boek waarin God de namen vermeldt van elke persoon die bestemd is om naar de hemel te gaan. Volgens de Talmoed wordt het Boek des Levens geopend op *Rosj Hasjana*, tegelijk met het Boek van de doden, waarin de namen van de goddelozen zijn vermeld. In het Oude Testament wordt regelmatig gesproken over het Boek des Levens. Als men uit Gods Boek des Levens wordt gewist, betekent dit een wisse dood.

De Psalmist schrijft dat het Boek des Levens alleen de namen van de rechtvaardigen bevat:

"Laat hen uitgewist worden uit het boek des levens, laat hen bij de rechtvaardigen niet opgeschreven worden." Psalmen 69:29

Zelfs de tranen van de mensen zijn opgenomen in Gods Boek:

"U hebt mijn omzwervingen geteld; doe mijn tranen in Uw kruik. Staan zij niet in Uw register?" Psalm 56:9

Het Boek des Levens is waarschijnlijk hetzelfde als het Boek der herinnering, waarin de daden van degenen zijn opgenomen, die de Here vrezen.

Het boek Jubileeën 30:20-22 spreekt van twee hemelde schrijftabletten ofwel boeken:

"...een Boek des Levens voor de rechtvaardigen, en een Boek der Doods voor hen die onreine wegen bewandelen en opgeschreven zijn op de hemelse schrijftabletten als vijanden (van God)".

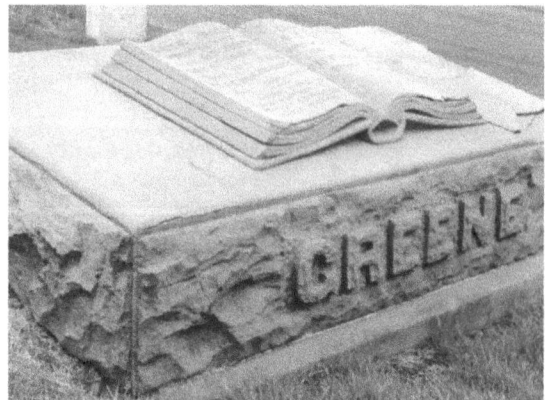

In het Nieuwe Testament wordt het Boek des Levens tot zesmaal toe genoemd.

"En als iemand niet bleek ingeschreven te zijn in het boek des levens, werd hij in de poel van vuur geworpen." Openbaring 20:15

"En ik zag de doden, klein en groot, voor God staan. En de boeken werden geopend en nog een ander boek werd geopend, namelijk het boek des levens. En de doden werden geoordeeld overeenkomstig wat in de boeken geschreven stond, naar hun werken." Openbaring 20:12

BIJBEL REFERENTIES

BOEK DES LEVENS

Exodus 32:32-33; Psalmen 69:29; Psalmen 87:6; Daniel 12:1; Lukas 10:20; Filippenzen 4:3; Openbaring 3:5; 17:8; 20;12-15; 21:27; 22:19

BOEK VAN HERINNERING

Psalmen 56:9; 139:16; 139:16; Maleachi 3:16

ROSJ HASJANA

Letterlijk: 'begin van het jaar'; Joods nieuwjaar, op 1 en 2 *tisjri*; andere namen: *Jom Hadien*, (oordeel) *Jom Hazikaron*, (herinnering) *Jom Troea*; Het word '*Rosj Hasjana*' zelf komt niet in de Tora voor. Leviticus 23:24 noemt het *"een gedenkdag aangekondigd door bazuingeschal, (sjofarim) een heilige samenkomst."* Ezechiel 40:1 noemt het: *"Het begin van het jaar"*; Rabbijnse literatuur noemt het een 'dag van oordeel' en een gedenkdag.

SOORTEN NIEUWJAAR

◊ *Nissan* 1 (maart/april) - "Bijbels Nieuwjaar" vanaf de Exodus uit Egypte. Dit bepaalde de lengte van een regeringsperiode van een koning en het begin van de kerkelijke kalender.
◊ *Eloel* 1 (augustus/september) - begin van het jaar voor de tienden heffing van de dieren voor de tempel.
◊ *Sjevat 1* (januari/februari), later veranderd in 15e (T*u Besjvat*)- het "Nieuwjaar van de bomen". Berekeningen werden gemaakt voor de tienden heffing van de fruitoogst.
◊ Tisjri 1 (september/oktober – burgerlijke kalender, begin van juridische contracten.
◊ *1 Januari* – Nieuwjaar op de Gregoriaanse kalender.

SJOFAR

In Bijbelse tijden luidde het geluid van de sjofar de nieuwe maand in – *Rosj Chodesj*. De sjofar werd ook gebruikt als er gevaar dreigde, of om de inhuldiging van een nieuwe koning te verkondigen. De sjofar is symbolisch voor Abrahams offer van Izaäk, waarin de ram een plaatsvervangend offer werd. De gebogen hoorn symboliseert het neerbuigen van de mens in onderwerping aan God. Op beide *Rosj Hasjana* dagen wordt de sjofar 100 keer geblazen in de synagoge en heeft drie verschillende klanken:

♦ *Sjevarim* – lijkt op korte stoten
♦ *Teroea* – negen staccato tonen, lijkt op geweeklaag
♦ *Tekia* – ononderbroken lange klank

Religieuze gebruiken tijdens deze periode

Veel orthodoxe mannen dragen een *kittel** (Jiddisch). Dit witte gewaad wordt gedragen door een bruidegom, wat reinheid symboliseert; men wordt er ook in begraven.
Jesaja 1:18 zegt;
"Al waren uw zonden als scharlaken, ze zullen wit worden als sneeuw; al waren ze rood als karmozijn, ze zullen worden als witte wol."
Het is een herinnering aan het witte linnen gewaad die de hogepriester tijdens de tempel ceremonies droeg. De mensen bezoeken de graven van geliefden en bidden voor een goed jaar.

Tzedeka* (liefdadigheid) is een Joodse wijze van leven en een integraal onderdeel van Jom Kipoer, speciaal tijdens de periode van de feest- en gedenkdagen doneren de mensen geld aan veel liefdadigheidsinstellingen.

ROSJ HASJANA SEDER

De *Rosj Hasjana Seder* wordt gehouden aan het begin van het Joodse nieuwjaar. Het doel van de Seder is om mensen te helpen tot inkeer te komen. Voor het eten wordt een speciaal gebed uitgesproken.
Op een apart bord ligt symbolisch voedsel dat gekoppeld is aan wensbeden:

* Dadels – Moge onze vijanden worden verteerd
* Zwarte bonen - Moge onze verdiensten vermenigvuldigd worden
* Prei – Moge onze vijanden verminderd worden
* Bieten – Moge onze tegenstanders verwijderd worden
* Courgette- Moge de Heer ons kwaad uitroeien
* Granaatappel – Mogen wij vervuld worden met de geboden zoals de granaatappel (die gevuld is met zaadjes)
* Appel – (gekookt in suiker) en honing – Moge de Heer ons opnieuw een goed en zoet nieuwjaar geven
* Kop van een schaap/ram of een vis – Mogen wij het hoofd zijn en niet de staart.

ROSJ HASJANA ZEGENINGEN

"Moge het Uw wil zijn, Heer onze God en de God van onze vaderen, dat wij vervuld zijn met geboden zoals een granaatappel (is gevuld met zaadjes)".
"Moge het Uw wil zijn, Heer onze God en de God van onze vaderen, dat U ons een nieuw jaar geeft, goed en zoet als honing".

GEDACHTEN OVER *TSEDEKA*

⇒ Men moet nauwgezet zijn in het vol-
voeren van de geboden om aan een
goed doel te geven, want dit is een teken van een nakomeling van Abraham.

⇒ Israël zal verlost worden door daden
van liefdadigheid.

⇒ Hoe groot het gebod van de naasten-
liefde ook is, het is nog beter om een
ander te overtuigen om aan een goed
doel te geven.

⇒ Liefdadigheid is een van de dingen van
wiens voordelen men geniet in deze
wereld, maar wiens belangrijkheid blij-
vend is voor de komende wereld.

⇒ Liefdadigheid is net zo belangrijk als
alle geboden bij elkaar.

⇒ Iedereen zou aan goede doelen moeten geven, zelfs degenen die van liefdadigheid afhankelijk zijn zouden aan
hen moeten geven, die nog minder be-
deeld zijn.

⇒ Het is beter om niet aan liefdadigheid
te doen dan om het wel te doen en de
ontvanger publiekelijk te beschamen.

⇒ Hij die royaal voor de armen is leent
aan de Heer. Niemand is ooit arm geworden door liefdadigheid.

⇒ Verneder een bedelaar niet, want God
is met hem.

TASJLIECH-ceremonie

Letterlijk: het wegwerpen (van de zonden)
Deze ceremonie, waarbij men symbolisch zijn
zonden in stromend water van zich afwerpt,
vind plaats op de eerste middag van *Rosj
Hasjana*. Als deze op een Sjabbat valt wordt
de ceremonie een dag uitgesteld.
Het gebruik is gebaseerd op de tekst uit
Micha 7:18-20:
*"Wie is een God als U, Die de ongerechtig-
heid vergeeft, Die voorbijgaat aan de overtre-
ding van het overblijfsel van Zijn eigendom?
Hij zal niet voor eeuwig vasthouden aan Zijn
toorn, want Hij vindt vreugde in goedertierenheid. Hij zal Zich weer over ons ontfermen,
Hij zal onze ongerechtigheden vertrappen, ja,
U zult al hun zonden werpen in de diepten
van de zee."*

Ook al wordt deze ceremonie niet in de Talmoed beschreven, kunnen we in Nehemia
8:1 het volgende lezen: *"Toen de zevende
maand aanbrak en de Israëlieten in hun steden waren, verzamelde heel het volk zich als
één man op het plein dat voor de Waterpoort
ligt; en zij zeiden tegen Ezra, de Schriftgeleerde, dat hij het boek moest brengen met de
wet van Mozes, die de HEERE Israël had geboden."* Deze bijeenkomst vond altijd op *Rosj
Hasjana* plaats.

Ook al vindt *tasjliech* meestal plaats op de
eerste dag van Rosj Hasjana, kan het ook
worden gedaan tot *Hosjana Rabba* (de laatste dag van Sukkot), behalve op Sjabbat.
Men moet bij een zee, rivier, brede stroom
een meer of vijver gaan staan, het liefst waar
vis in zwemt en dan speciale gebeden reciteren.
Vroeger, als het niet mogelijk was om naar
de voorschreven plaatsen te reizen, vond de
tasjliech plaats bij een bron, soms opge-
droogde, of bij een emmer water.

De mannen schudden de uiteinden van hun talliet katan uit of de zakken van hun jassen of broeken.

Het doel van *tasjliech* is zowel de zonde als de hemelse aanklager (satan) in de zee te werpen. Het uitschudden van de kleren na het *tasjliech* gebed is een symbolisch gebaar dat de zonden van hun ziel zijn geschud.

Het gebruik varieert in verschillende landen. De Joden in Koerdistan gaan bijvoorbeeld het water in om gereinigd te worden van hun zonden. Poolse Chassidiem gooiden een vlot van stro in het water dat ze daarna in brand staken, gelovend dit symbolisch was voor het wegvoeren en verbranden van hun zonden.

TSOM (VASTEN VAN) GEDALIA

" Het gebeurde echter in de zevende maand dat Ismaël, de zoon van Nethanja, de zoon van Elisama, iemand van koninklijken bloede, kwam, en tien mannen met hem. Zij sloegen Gedalia neer, zodat hij stierf, evenals de Judeeërs en de Chaldeeën die bij hem in Mizpa waren. Toen maakte heel het volk zich gereed, van de kleinste tot de grootste, en de bevelhebbers van het leger, en zij gingen naar Egypte, want zij waren bevreesd voor de Chaldeeën." 2 Koningen 25:25-26

Tijdens *Tsom Gedalia* (Gedalia vasten) op de 3e *tisjri* (na Rosj Hasjana) treurt men om de moord op de rechtschapen gouverneur van Judea- Gedalia. Door deze tragische gebeurtenis maakte een eind aan het Joodse bewind. En daarop volgde de verwoesting van de Eerste Tempel. (Zie Jeremia 41).

HOOFDSTUK 20

JOM KIPOER – GROTE VERZOENDAG

God zei tegen Mozes: "Alleen op de tiende dag van deze zevende maand is de Verzoendag. U moet een heilige samenkomst houden. U moet uzelf dan verootmoedigen en de HEERE een vuuroffer aanbieden. Op diezelfde dag mag u geen enkel werk doen, want het is de Verzoendag, om voor het aangezicht van de HEERE, uw God, verzoening voor u te doen." Leviticus 23:27-28

Jom Kipoer valt op de 10e *tisjri* (meestal september/oktober).

Tijdens de tempelperiodes ging de *Cohen Hagadol* (hogepriester) een week voor Jom Kipoer in een kamer van de tempel wonen om zich geestelijk en lichamelijk voor te bereiden op deze heilige dag. Op *Jom Kipoer* deed hij verzoening voor alle Joden in de wereld. Dit was de enige tijd van het jaar dat hij het Heilige der Heiligen binnentrad. Tijdens de *Avoda* (letterlijk: werk in de tempeldienst) moest de hogepriester zijn kleding vijf keer wisselen en iedere keer een ander gewaad aantrekken. Ook moest hij zich vijf keer in de mikve onderdompelen, waste zijn handen en voeten tien keer, offerde twee lammeren, één stier, twee geiten en twee rammen. Hij bracht meel- en wijnoffers, en reukoffers. Op deze dag moest hij harder werken dan alle de priesters en Levieten die dienst hadden.

Tegenwoordig gaan orthodoxe Joodse mannen de dag voor *Jom Kipoer* ook naar de *mikve** (ritueel bad). De ultra-orthodoxen (Harediem) hebben een gewoonte die *kapparot** heet.

Terwijl een levende kip over het hoofd gezwaaid wordt, reciteert men Bijbelverzen die betrekking hebben op de verlossing. De kip wordt dan aan de armen gegeven. Veel rabbijnen verwerpen dit bijgelovige gebruik (een cirkel wordt gezien als een magische ring om boze geesten af te weren).

Vroeg in de middag sluiten alle Joodse bedrijven en winkels en vrijwel alle verkeer komt tot stilstand. Verkeerslichten werken niet meer en er is geen nationale radio of televisie. Zelfs de luchthaven Ben-Gurion sluit het luchtruim in de vroege middag. Internationale vluchten kunnen pas een paar uur na zonsondergang de volgende dag weer landen op de luchthaven. Ook de Israëlische havens en grensovergangen zijn die dag gesloten. Als veiligheidsmaatregel zijn de grensovergangen naar Gaza, Judea en Samaria ook gesloten tot het einde van deze meest heilige dag van het jaar.

Vlak voor zonsondergang zijn de straten vol met mensen die naar de dichtstbijzijnde synagoge lopen. Kinderen met fietsen of skateboards nemen bezit van het wegennet.

Overal ter wereld wordt in synagogen het Aramese *Kol Nidree* gebed gezongen door de chazan. Dit gebed dateert uit post Talmoedische tijden, en de muziek is gecomponeerd in het midden van de 15e en 16e eeuw in Zuid-Duitsland.
"Moge het hele volk Israël en alle vreemdelingen die in hun midden wonen vergeving ontvangen, want alle mensen zijn schuldig".

Kol Nidree ("alle geloften") is het Joodse gebed dat negen dagen na het Joods nieuwjaar, op de tiende van de Joodse maand *tisjri* en wel op de avond van *Jom Kipoer*, driemaal wordt opgezegd. In dit gebed verzoekt men om nietigverklaring van alle geloften, eden en verplichtingen, die men gedurende het afgelopen jaar op zich genomen heeft. Het gaat om geloften jegens God en jegens zichzelf, niet jegens anderen. Het gebed is nog voor de verwoesting van de tempel ontstaan. Voordat de hogepriester het Heilige der Heiligen binnenging (één keer per jaar, op *Jom Kipoer)* zong hij een lied over zijn zonden, over de zonden van de overige priesters en over de zonden van heel Israël. Nadat hij in het Heilige der Heiligen voor de zonden van het gehele volk had geofferd stuurde men een geit, de zondebok, de woestijn in om daar te sterven. Deze geit stond symbool voor alle zonden van het volk. De melodie van *Kol Nidree* is in de 18e eeuw opgeschreven. Max Bruch heeft hiervoor in 1880 een muziekstuk met gelijknamige naam voor cello en symfonieorkest gecomponeerd.
Door het *Kol Nidree* gebed vragen mensen God om vergeving voor geloften die ze aan God en mensen deden, maar niet hebben uitgevoerd. *"Al Chet"* is de belangrijke zondebelijdenis. Tijdens de middeleeuwen vervingen Duitse Joden de *Kol Nidree* door recitaties van de Psalmen, omdat antisemieten hen ervan beschuldigden dat ze niet te vertrouwen waren. Hun gedachtegang, dat een Joodse eed geen waarde had, werd vaak aanleiding tot een pogrom.

Tijdens de Spaanse inquisitie, toen Joden gedwongen werden zich tot het christendom te bekeren, werd deze aangrijpende melodie nog relevanter.

Grote Verzoendag is het hoogtepunt van de zogenoemde *jamiem noraïm** (Ontzagwekkende dagen). Als een symbool van reinheid dragen veel Joden witte kleding en lopen op plastic schoenen of huisslippers, als ze maar niet van leer zijn. Veel mensen brengen het grootste deel van *Jom Kipoer* in de synagoge door, waar vijf gebedsdiensten van smeekbeden voor vergeving worden gehouden.

De hele dag door worden de volgende Schriftgedeelten in de synagoge gelezen:
- Leviticus 16:1-34
- Numeri 29:7-11
- Leviticus 18:1-30
- Jesaja 57:14-58:14
- Micha 7:8-20
- Het boek Jona

Zelfs veel niet-religieuze Joden proberen het 25-uur vasten te volbrengen. Tijdens deze meest heilige dag van het Joodse jaar is de opkomst naar de synagoge meestal verdrievoudigd.

Als de zon ondergaat, komen veel mensen naar de synagoge voor het *Neïla* gebed (afsluiting) waarna het *"Sjema Israel"* wordt gereciteerd en de sjofar geblazen. Dit symboliseert dat Gods boeken gesloten worden, waarin de namen zijn opgeschreven van diegenen die het volgende jaar zullen leven of sterven. Vele eeuwen was het gebruikelijk om het einde van *Jom Kipoer* af te kondigen met de *sjofar* bij de Klaagmuur in Jeruzalem. Deze traditie werd in 1967 opnieuw in gebruik genomen toen Jeruzalem werd herenigd.
De meeste mensen beëindigden hun vasten met een feestelijke maaltijd.

Al snel wordt het geluid van de hamers in de hele stad gehoord, als veel religieuze Joden hun *soeka** (loofhut), beginnen te bouwen voor het Loofhuttenfeest.

> **GOED OM TE WETEN**
>
> De Grote Synagoge op de St. George Street in Jeruzalem is een goede plek om de rituelen en gebeden van Jom Kipoer mee te maken. Het is bezoekers toegestaan om achterin te zitten. Buurt synagogen heten bezoekers soms welkom, maar ze hebben niet allemaal Hebreeuws-Engelse gebedenboeken. Kleed je bescheiden, draag geen leren schoenen en laat je tas/rugzak thuis.

SHEMA JISRAEL - HOOR ISRAEL!

Het *Sjema* (Hebreeuws: שמע ישראל)is het meest uitgesproken gebed tijdens het ochtend - en avondgebed van het jodendom. De tekst is afkomstig uit de Tora. Het complete *Sjema*-gebed bestaat uit drie onderdelen: Deut. 6:4-9, 11:13-21, en Num. 15:37-41. De drie delen hebben betrekking op de centrale thema's van het Joodse geloof. Het "*Sjema*" is een van de oudtestamentische uitspraken die geciteerd worden in het Nieuwe Testament.

"Het eerste van alle geboden is:
Hoor Israël (Sjema Israël), de Eeuwige is
onze God, de Eeuwige is één. (Deut. 6:4).
Je moet houden van de Eeuwige je God
met heel je hart, heel je ziel en heel je
vermogen. (Deut. 11:13)
Dit is het eerste gebod.

Ook genoemd in: Marcus 12:29-30.
En: *"Je zult deze woorden schrijven op de deur-posten van je huis en aan de poorten van je steden."* (Deut. 6:9, 11:20).

De kernzin van het Sjema in het Hebreeuws is:
שמע ישראל יהוה אלהינו יהוה אחד
Hetgeen wordt uitgesproken als: *Sjema Israel, Adonai Elo-hénoe, Adonai echád*
Oorspronkelijk was dit het gehele gebed dat later werd uitgebreid.

♦ *Sjema* – luister of hoor en doe of aanvaard
♦ *Jisrael* – in de zin van het volk of de gemeenschap van Israël
♦ *Adonaj* – vaak vertaald als Heer en gelezen in plaats van JWHW
♦ *Eloheinoe*– het meervoud van de eerste persoon en bezittelijk voornaamwoord voor *Elohiem* (onze God)
♦ *Echad* – de belangrijkste nummer één

Orthodoxe Joden leren hun kinderen om het "*Sjema*" op te zeggen voordat ze 's nachts gaan slapen. Toen de beroemde rabbijn Akiva werd gemarteld tot de dood, sprak hij het *Sjema* uit en gebruikte zijn laatste adem om "*Echad*" te zeggen (één). Sinds die tijd is het een traditie geworden voor Joden om het *Sjema* uit te spreken als ze weten dat ze gaan sterven.

KOL NIDREE – ALLE BELOFTEN

Wij hebben spijt van alle afspraken, overeenkomsten, geloften en vervloekingen, die wij hebben uitgesproken. Mogen zij van deze Jom Kipoer tot de volgende Jom Kipoer beschouwd worden als afgeschaft, vergeten, vernietigd en ontbonden. Mogen de afspraken niet meer als afspraken gelden, de overeenkomsten niet als overeenkomsten en de gezworen eden niet als eden.

De zondebelijdenis, *de Widoej (Al Chet)*

Dit zijn de beginwoorden van de grote zonde-belijdenis. Dit wordt 9 keer gereciteerd op Jom Kipoer. Elke zin begint met de woorden "Al Chet" - "Voor de zonden..."
"Voor de zonden die we tegenover U onder dwang of uit onze eigen vrije wil hebben ge-pleegd. En voor de zonden die we voor U ge-pleegd hebben door onze harten te verharden. Voor de zonden die we onbewust tegen U ge-pleegd hebben. En voor de zonden die we te-genover U met onze lippen gepleegd hebben. Voor de zonden die we tegen U gepleegd heb-ben door onkuisheid. En voor de zonden die we tegen U in het openbaar of privé hebben gepleegd".

HOOFDSTUK 21

SOEKOT - LOOFHUTTENFEEST

"Op de eerste dag moet u voor uzelf vruchten van sierlijke bomen, takken van palmbomen, takken van loofbomen en van beekwilgen nemen, en u moet zich zeven dagen lang voor het aangezicht van de HEERE, uw God, verblijden. Dat feest voor de HEERE moet u per jaar zeven dagen lang vieren. Het is een eeuwige verordening, al uw generaties door. In de zevende maand moet u het vieren. Zeven dagen moet u in de loofhutten wonen. Alle ingezetenen van Israël moeten in loofhutten wonen, zodat de generaties na u weten dat Ik de Israëlieten in loofhutten liet wonen, toen Ik hen uit het land Egypte geleid heb. Ik ben de HEERE, uw God. Zo maakte Mozes de feestdagen van de HEERE aan de Israëlieten bekend." Leviticus 23:39-43

Soekot begint op de 15e *tisjri*. De datum van de eerste volle maan na de herfstequinox. Tijdens dit "vreugdeseizoen" eet het Joodse volk hun maaltijden in een tent of hut, bedekt met takken waar ze de hemel doorheen kunnen zien, ter herinnering aan de omzwervingen van Egypte naar het Beloofde Land.
Soekot (Loofhuttenfeest) is een van de drie door God voorgeschreven pelgrimsfeesten. De mensen moesten het feest in de tempel in Jeruzalem vieren.
"Driemaal per jaar moet u voor Mij een feest vieren. Het Feest van de ongezuurde broden moet u in acht nemen…. in de maand Abib [aviv] … Ook het Feest van de oogst, van de eerste vruchten van uw werk, van wat u op de akker gezaaid hebt. En het Feest van de inzameling, aan het einde van het jaar… Drie keer per jaar moet alles wat mannelijk onder u is, voor het aangezicht van de Heere HEERE verschijnen." Exodus 23:14-17

Omdat Hij een belijdende Jood was, vierde ook Jezus het Loofhuttenfeest, zoals we kunnen lezen in Johannes 7:
"En het feest van de Joden, het Loofhuttenfeest, was aanstaande… De Joden dan zochten Hem op het feest en zeiden: Waar is Hij?… Maar toen het feest al half voorbij was, ging Jezus naar de tempel en gaf onderwijs… En op de laatste, de grote dag van het feest, stond Jezus daar en riep: Als iemand dorst heeft, laat hij tot Mij komen en drinken. Wie in Mij gelooft, zoals de Schrift zegt: Stromen van levend water zullen uit zijn binnenste vloeien." Johannes 7: 2,11,14, 37-38

De drie pelgrim feesten – *Pesach* (Pasen), *Sjavoeot* (*Pinksteren*) en *Soekot* (Loofhuttenfeest) hebben allen een historische en agrarische betekenis. Omdat *Soekot* in de oogsttijd viel werd het ook beschouwd als een agrarische gebeurtenis en werd er gebeden om regen.

In Israël worden de eerste en laatste dagen gevierd als volledige feestdagen (zoals een Sjabbat); de *"Acht dagen van plechtige samenkomst"* worden zoals *Simchat Tora* (Vreugde der Wet) gevierd. Het wordt mensen toegestaan om tijdens *chol hamoëed**   (tussenliggende dagen) te werken, maar het feestkarakter wordt gehandhaafd. Scholen zijn gesloten en veel families genieten de feestdag gezamenlijk door uit te gaan, familie te bezoeken of gasten te ontvangen in hun *soeka*.

VERSCHILLENDE BENAMINGEN

♦ *Chag Haasif* (inzamelingsfeest van de oogst).
♦ *Chag Hasoekot* (Loofhuttenfeest).
♦ *Chag* (hèt feest)- een geliefde naam bij de rabbijnen, die daarmee aangeven dat *Soekot* het feest bij uitstek was.
♦ *Zeman Simchatenoe* (het vreugdevolle seizoen) – verwijzend naar het Bijbelse gebod om "vreugdevol te zijn".

De beleving van *Soekot* impliceert het 'wonen' in de soeka. De opvatting over dankzegging voor de oogst blijft centraal, gesymboliseerd door de vruchten (echt of nagemaakt) die de *soeka* decoreren (meervoud: *soekot)*. Sommigen zeggen dat de Amerikaanse pelgrimsvaders beïnvloed werden door de Joodse viering van Soekot, waardoor *Thanksgiving Day* ontstond.

Een belangrijk symbool van het feest is de *Arbaä miniem* * (vier soorten). Deze worden bij elkaar gebundeld en tijdens de synagoge dienst mee gezwaaid. De vier soorten houden in: een *loelav* (palmtak), *etrog* (citroen), *chadasiem* (drie mirtetakken) en de *aravot* (twee wilgentakken). Samen worden deze de *loelav** genoemd.

SCHRIFTLEZINGEN TIJDENS SOEKOT

* De onverkorte Hallel (Psalmen 113-118) wordt iedere ochtend gereciteerd.
* Leviticus 22:26-23:44
* Numeri 29:12-31
* Zacharia 14:1-21
* 1 Koningen 8:2-21
* Exodus 33:12-34:26
* Ezechiël 38:18 – 39:16
* Het boek Prediker

SIMCHAT BEET HASJOËVA PLENGOFFER VAN WATER

"U zult met vreugde water scheppen uit de bronnen van het heil." Jesaja 12:3

De oude ceremonie voor waterscheppen is beschreven in Deuteronomium en wordt ook genoemd in de *Misjna**. Tijdens de Tempelperiode werden aan het einde van de eerste dag grote gouden lampen aangestoken op de binnenplaats van de tempel die heel Jeruzalem verlichtten. Door op harpen, lieren, cymbalen, trompetten en andere instrumenten te spelen leidden de Levieten de samengekomen Joden in het zingen van liederen. Het waterritueel begon met vreugdevolle dansen die tot diep in de nacht doorgingen. Pelgrims, zowel mannen, vrouwen als kinderen, deelden in de feestvreugde.

De volgende morgen vergezelden de pelgrims een groep Levieten en priesters naar het bad van *Sjiloa* (Siloam) in Jeruzalem. Onder begeleiding van muziekinstrumenten werden Bijbelse liederen gezongen, zoals het bekende *"U zult met vreugde water scheppen uit de bronnen van het heil."*

Het feest van het waterscheppen was in de tijd van Jezus het meest uitbundige feest dat in de tempel gevierd werd. Daarvan zegt Misjna Soeka 5:1: *"Wie de uitingen van vreugde ter gelegenheid van het waterscheppen niet heeft gezien, heeft in zijn leven nooit vreugde gezien"*.

Nadat een priester water in een gouden kruik had geschept, ging de blijde menigte al zingend en dansend terug naar de tempel. De hogepriester nam de kruik over en goot het water in kruik met smalle tuit. Een andere kruik bevatte wijn. De priester hief de kan water richting het westen (waar de regen vandaan kwam) en de kruik met wijn in de richting van het oosten.

De bijeengekomen pelgrims keken toe hoe de vloeistoffen als regendruppels uit de schenktuiten drupten. Elke dag daalde een groep pelgrims af naar Motza, een klein dorp bij Jeruzalem, om wilgentakken af te snijden. Deze werden gebruikt om het altaar van de tempel te decoreren. Dagelijks werd eenmaal om het altaar gelopen door mensen die de *lulaviem** vasthielden terwijl zij de *Hosjana* gebeden opzegden.

Op de laatste dag van *Soekot* werd er zeven keer om het altaar gelopen, nadat de bladeren van de wilgentakken waren geslagen – die regendruppels representeerden. Het symboliseerde ook het feit dat wilgen veel water opnemen maar geen fruit produceren – ze verspillen water. De takken kapot maken was een symbolisch gebaar van het behoud van water. Anderen geloofden dat de vallende bladeren het wegwerpen van de zonden symboliseerden.

Vandaag de dag worden in Jeruzalem nog steeds speciale 'waterschep' ceremonies gehouden tijdens de tussenliggende dagen van *Soekot. Simchat Beet Hasjoëva* bijeenkomsten met muziek en dans vinden plaats in synagogen en *jesjievas**. Drankjes worden geserveerd in de aangrenzende *soeka*. In orthodoxe kringen worden tijdens de festiviteiten de mannen en vrouwen door een tussenschot gescheiden. Het feest begint laat in de avond en gaat tot de vroege uurtjes door.

Een chassidische interpretatie gaat als volgt: Het Hebreeuws woord voor geur en smaak is *taäm* wat ook 'reden' kan betekenen. Water uitgieten over het altaar symboliseerde en vierde de onvoorwaardelijke liefde van de Joden voor God en hun belofte om God te dienen of ze nu wel of niet volledig de logica achter de geboden begrepen.

Op de eerste zeven dagen van het feest vindt er een processie plaats rond de synagoge, terwijl de *Hosjanot* gebeden worden gereciteerd en liederen worden gezongen. De 'hosjana' (redt ons, bidden wij) herinnert ons aan de ceremonie tijdens de tempel periodes waarbij dagelijkse rondgangen om het altaar plaatsvonden.

BIRKAT KOHANIEM

"Alzo zullen zij Mijn naam op de kinderen Israëls leggen; en Ik zal hen zegenen"
Numeri 6:26

De priesterlijke zegen vind altijd plaats op de 2e en 4e dag van de tussenliggende dagen (*chol hamoëed*) van *Soekot*. Als er een Sjabbat tussen zit wordt het maar een keer gehouden bij de Kotel in de Oude Stad van Jeruzalem. Honderden *kohaniem* (priesters) wiens familienaam aangeeft dat zij uit de priesterlijke lijn van Aäron afstammen, spreken de Aäronitische zegen uit Numeri 6 vers 24-26 uit, terwijl ze bedekt zijn door hun *talliet*.

De priesterlijke zegen of zegening is ook bekend als de opheffing van de handen (*nesiat kapajiem*) of *doechanen*, van het Jiddische woord *doechan* – platform – omdat de zegen wordt gegeven vanaf een verhoogd podium.

"De HEERE zegene u en behoede u! De HEERE doe Zijn aangezicht over u lichten en zij u genadig! De HEERE verheffe Zijn aangezicht over u en geve u vrede!" Numeri 6:24-26

Op de zevende dag van *Soekot* vindt de *Hosjana Rabba** plaats (de grote *Hosjana*), die traditiegetrouw het einde aangeeft van het ceremoniële seizoen. De zogenoemde 'ceremoniële dagen' verwijzen naar de periode die begint met Rosj Hasjana (het Joodse nieuwjaar) en die ook *Jom Kipoer* (Grote Verzoendag) inhoudt. Asjkenazische Joden dragen een *kittel** in deze tijd (Jiddisj voor 'hes'). Het is een loszittend gewaad dat wordt gedragen op plechtige gelegenheden en op hoge feestdagen. Wit associeert met verzoening en zuiverheid.

Op de achtste dag wordt het gebed voor regen uitgesproken, wat essentieel is voor een vruchtbaar jaar. De gebeden voor regen beginnen tijdens *Soekot* en gaan door tot *Pesach,* dat samenvalt met het einde van het regenseizoen in Israël.

VERSCHILLENDE SOORTEN REGEN

De *jorè* – de eerste regen na de lange droge zomer. Deze valt meestal eind oktober, begin november. Het is altijd een reden voor vreugde en dankbaarheid als de akkers dan geploegd en kunnen worden en voorbereid voor oogsten van het volgend jaar.
Gesjem – winterregens, die meestal valt tussen half december en maart.
Melkosj – latere (lente) regens. Deze zijn nodig voor de gerst- en graanoogst.

GEBED VOOR REGEN

"En het zal gebeuren, wanneer u nauwgezet luistert naar mijn geboden die ik u heden gebied, door de HEERE, uw God, lief te hebben en Hem te dienen met heel uw hart en met heel uw ziel, dat Ik regen voor uw land zal geven op zijn tijd, vroege regen en late regen, zodat u uw koren, uw nieuwe wijn en uw olie kunt inzamelen."
Deuteronomium 11:13-14

Joden en niet-Joden vieren Soekot

"Het zal geschieden dat al de overgeblevenen van alle heidenvolken die tegen Jeruzalem zijn opgerukt, van jaar tot jaar zullen opgaan om zich neer te buigen voor de Koning, de HEERE van de legermachten, en om het Loofhuttenfeest te vieren...." Zacharia 14:16-19

Volgens de Bijbel zullen tijdens het duizendjarig vrederijk de heidenvolken met *Soekot* naar Jeruzalem moeten optrekken willen zij gezegend worden met regen. Ook al geld dit gebod nu nog niet, wordt het Loofhuttenfeest al door veel christenen gevierd. De Internationale Christelijke Ambassade Jeruzalem sponsort al meer dan 30 jaar de jaarlijkse viering, waar duizenden mensen vanuit de hele wereld naar toekomen.

Een Joods jaar

Het jaartal op de Joodse kalender geeft het aantal jaren aan sinds de schepping, berekend door het aantal levensjaren van de mensen bij elkaar op te tellen in de Bijbel, sinds de schepping. Bijvoorbeeld, het Gregoriaanse jaar 2015/2016 correspondeert met het Joodse jaar 5776.

Joden gebruiken over het algemeen niet de woorden 'AD' (Anno Domino - na Christus) en 'BC' (voor Christus) om te verwijzen naar de jaren op de burgerlijke kalender, omdat 'AD' betekent 'Het jaar van onze Heer'. In plaats daarvan gebruiken ze CE (gangbare/christelijke jaartelling) en BCE (vóór de gangbare jaartelling).

Soekot symbolen

◊ De *soeka* vertegenwoordigt de kwetsbare staat van de mens en de behoefte aan goddelijke bescherming.

◊ Alle vier soorten groeien in de buurt van waterbronnen; de meeste van deze soorten herstellen na een brand.

◊ Orthodoxe Joden geloven in het belang om geworteld te zijn in het Woord en in het verkrijgen van water uit de Bron. Zelfs als ze 'verbanden' zullen er nieuwe scheuten groeien aan de schijnbaar verwoeste boom.

GOED OM TE WETEN

Direct na *Jom Kipoer* beginnen de mensen *soekas* te bouwen op balkons, daken, binnenplaatsen en trottoirs. De plaatselijke overheid voorziet in palmtakken voor de daken. Overal vind je kramen die (Kerst) decoraties verkopen voor *soeka*.
Een wandeling door Mea Sjearim of andere orthodoxe buurten is een bijzondere ervaring.

SJEMITA– het Sjabbatsjaar

"U mag zes jaar uw land bezaaien, en de opbrengst ervan verzamelen, maar in het zevende jaar moet u het met rust laten en het braak laten liggen, zodat de armen onder uw volk kunnen eten; en het overschot ervan kunnen de dieren van het veld eten. U moet hetzelfde doen met uw wijngaard en met uw olijfbomen." Exodus 23:10-11

God gebood het *sjemita** jaar (of *sjeviiet* – het zevende jaar) met het oog op sociale rechtvaardigheid en vriendelijkheid voor dieren (Leviticus 25: 1-7). Het was ook *"een sabbat voor de HEERE"* (Leviticus 25:1-7) en een "sabbat voor het land", waarin het zich kon vernieuwen. Schulden moeten worden vergeven (Deuteronomium 15: 1-6) waardoor de armen een kans krijgen om een nieuwe start te maken. De Tora verbiedt het planten van bomen en groenten, snoeien en oogsten tijdens het sabbatsjaar. Maar bomen mogen wel geïrrigeerd worden, omdat ze anders dood zouden gaan. Vruchten en planten die op het land groeien tijdens het *sjabbatsjaar* worden *hefker** genoemd (zaken die geen eigenaar hebben). Ze behoren aan niemand toe, maar zijn ook van iedereen en het is zelfs verboden om een dier te verjagen dat van het veld wil eten. Een Jood kan in dit jaar fruit eten van een boom, maar mag het niet verkopen of een mand vol mee naar huis nemen.

In Leviticus belooft God nadrukkelijk dat Hij het zesde jaar zal zegenen met een overvloedige opbrengst als het volk van Israël genoeg geloof heeft om het sabbatsjaar te houden. Niet iedereen had dit geloof en de Babylonische ballingschap was daar een direct gevolg van. Het land had haar sabbatsjaar tijdens deze ballingschapsperiode.

In Talmoedische tijden werd het steeds moeilijker om *sjemita* te houden. Hillel (110 v.Chr. -10 na Chr.) stelde het zogenaamde Prosbol systeem in, wat betekende dat een schuldeiser het hof opdracht kon geven om zijn schulden te innen. Hillel werd bekritiseerd voor het omzeilen van de wet, die alleen van toepassing was op individuelen.

Toen de Joden terugkeerden naar Israël na de *galoet** (ballingschap) werd sjemita weer relevant. Vóór het sabbatsjaar van 1889 was het Joodse boeren toegestaan om het land aan een niet-Jood te verkopen voor een bepaalde periode. Op deze manier kon het wel bewerkt worden. Veel orthodoxe Joden waren tegen deze oplossing.

Tegenwoordig gebruiken sommige orthodoxe boeren hydroponiek tijdens het sabbatsjaar (Hydroponiek, onderdeel van hydrocultuur, is een methode voor het kweken van planten met behulp van minerale voedingsstoffen-oplossingen in water, zonder bodem).

Nog steeds zijn er veel Israëlische agrariërs die *sjemita* volledig opvolgen, zonder de *halachische* mazen in het net te zoeken. Deze boerderijen staan tijdens het *sjabbat*jaar op on-actief en hebben dan ook geen inkomsten. Donors creëren speciale fondsen waarmee deze boeren geholpen worden deze *mitswa** (gebod) te houden. Het jaar 5768 (2007-2008) en 5776 (2014-2015) waren *sjabbats*jaren.

HACHEL/HECHAL ceremonie

*"En Mozes gebood hun: Na verloop van ze-
ven jaar, op de vastgestelde tijd van het
jaar van de kwijtschelding, op het
Loofhuttenfeest, als heel Israël komt om te
verschijnen voor het aangezicht van de HEE-
RE, uw God, op de plaats die Hij zal uitkiezen, moet u deze wet ten aanhoren van
heel Israël voorlezen. Roep het volk bijeen,
de mannen, de vrouwen en de kleine kinderen, en de vreemdeling die binnen uw
poorten is, om te horen, en om te leren de
HEERE, uw God, te vrezen en alle woorden
van deze wet nauwlettend te houden. Zodat
hun kinderen die het niet weten, het ook
horen, en leren de HEERE, uw God, te vrezen, al de dagen dat u leeft in het land
waarvoor u de Jordaan oversteekt om het
in bezit te nemen."*

Deuteronomium 31:10-13

*Hachel** is het Bijbelse gebod dat alle Joodse
mannen, vrouwen en kinderen moeten samenkomen om de Toralezing te horen die eens in
de zeven jaar door de koning van Israël werd
uitgesproken.

Oorspronkelijk vond deze ceremonie tijdens
Soekot plaats bij de tempel in Jeruzalem in het
jaar na het zevende jaar. Volgens de *Misjna**
werd het 'gebod om samen te komen' tijdens
de eerste en Tweede Tempelperiode nage-
volgd. Het eindigde met de verwoesting van de
tempel en de verstrooiing van het Joodse volk
uit hun land. In de 20e eeuw bliezen Joodse
leiders het gebruik nieuw leven in.

De eerste officiële Israëlische *Hachel*-
ceremonie werd gehouden tijdens *Soekot* van
1945, het jaar na het *sjabbats*jaar. Soortgelijke
ceremonies, geleid door Israëlische overheids-
functionarissen worden sindsdien elke zeven
jaar gehouden. Soms verricht de president van
Israël de ceremonie, een andere keer leiden
bekende rabbijnen de ceremonie bij de *Kotel*
(Klaagmuur) in Jeruzalem.

JOVEEL – JUBELJAAR

*Jovel**, het Jubeljaar is het jaar aan het einde
van zeven cycli van de *sjemita** (sjabbats-
jaren). Volgens de Bijbel had dit jaar een bijzondere impact op het eigendom en het be-
heer van het land Israël (*Eretz Israel*).

Sommige geestelijk leiders vroegen zich af of
dit het 49e jaar moest zijn (het laatste jaar
van zeven cycli van de *sjabbats*jaren, verwijzend naar de *sjabbat's sjabbat*), of het volgende jaar.

Het geheiligde 50e jaar is een tijd van vrijheid
en feest als iedereen zijn oorspronkelijke eigendom terug zal ontvangen en slaven terug
naar huis zullen keren naar hun families (zie
Leviticus 25:10).

Veel religieuze Joden houden zich nog steeds
aan de Bijbelse regels wat betreft *sjabbatsja-
ren (sjemita)*, maar die voor het Jubeljaar zijn
al eeuwenlang niet nagekomen.

HOOFDSTUK 22

SJEMINI ATSERET – SIMCHAT TORA
VREUGDE DER WET

"Ik ben verblijd over Uw belofte, als iemand die een grote schat vindt. Ik haat de leugen en heb er een afschuw van, maar Uw wet heb ik lief."

Psalmen 119:161-163

Simchat Tora (Vreugde der Wet) wordt gevierd op de achtste (slot)dag (22 *tisjri*) ter afsluiting van *Soekot* (Numeri 29:35). In de Diaspora wordt het een dag later gevierd. *Simchat Tora* kenmerkt de afsluiting van de jaarlijkse Toralezingen en het begin van een nieuwe cyclus.

Tijdens de Tempelperiodes werden 70 offers aangeboden gedurende de zeven dagen van Soekot, meer dan op enige andere feestdag. Sommige mensen geloven dat het uit dankbaarheid was voor een succesvolle oogst was. Er werd ook gebeden voor een over-vloedig nieuw jaar. Talmoedische geleerden geloven dat de 70 offers voorspoed brachten aan de spreekwoordelijke 70 naties van de wereld. Tegenwoordig bidden de Joodse gemeenschappen voor de heidenvolkeren.

Rabbijnen hebben geprobeerd een antwoord te vinden waarom God een achtste dag gebood, terwijl *Soekot* maar zeven dagen duurde. Volgens hen wilde God dat Zijn volk nog een dag langer bij Hem in Jeruzalem zou blijven. De gewoonte van de jaarlijkse leescyclus werd rond de zesde en zevende eeuw na Christus ingesteld, en daarom wordt dit niet genoemd in de Talmoed. In de middeleeuwen staken sommige gemeenschap-pen vreugdevuren aan met de ontmantelde delen van hun *soeka*.

Op de avond van *Simchat Tora* worden alle Torarollen uit de ark* genomen en rond de *bima** (lezers podium) gedragen. Dit is de enige avond in het jaar dat dit wordt gedaan. Tijdens de zevenvoudige processie (*hakkafot**) wordt een speciaal lied gezongen. Tussen iedere rondgang is een intermezzo van zang en dans, waarbij mensen om de beurt de Torarol mogen dragen. De kinderen zwaaien met *Simchat Tora* vlaggetjes of dragen of speelgoed Torarolletjes.

Sommige gemeenschappen lezen Deuterono-mium 33: 1-17. Het is de enige keer dat de wetslezing plaatsvindt in de avond.
Tijdens de morgendienst vindt er een andere zevenvoudige processie plaats, gevolgd door het lezen van Deuteronomium 33 en 34.
Het is gebruikelijk dat alle mannen worden opgeroepen voor de lezing van de wet. Sommige synagogen accepteren zowel mannen als vrouwen op de *bima*.

Tijdens de *kol haneärim* (het oproepen van de kinderen) ceremonie staan de kinderen onder een grote wollen gebedssjaal, terwijl de zegen van Jacob wordt uitgesproken:
"De God voor Wiens aangezicht mijn vaderen, Abraham en Izak, gewandeld hebben, de God Die mij als herder geleid heeft, mijn leven lang tot op deze dag, de Engel, Die mij verlost heeft van al het kwaad, zegene deze jongens, zodat door hen mijn naam en de naam van mijn vaderen, Abraham en Izak, genoemd zal blijven en zij in het midden van het land in menigte zullen toenemen." Genesis 48: 15-16

Het laatste gedeelte van de Pentateuch wordt gereserveerd voor de *chatan Tora** (bruidegom van de wet). Nadat de man, die de eer had opgeroepen te zijn, de lezing heeft beëindigd, zegt de gemeenschap met luide stem: *"Chazak, chazak venietchazek!"* Wees sterk, wees sterk en laat ons gesterkt worden!

Hierna wordt een tweede rol (Genesis) genomen waarmee de leescyclus opnieuw begint. Degene die de eer krijgt om Genesis 1-2:3 te lezen wordt de *chatan Beresjiet* * (bruidegom van het begin) genoemd. Een derde persoon, de *Maftier** wordt opgeroepen om de profeten-lezing van Jozua 1 te lezen. Vroeger werd van de twee 'bruidegoms' verwacht dat zij een uitbundig feest voor de hele gemeenschap zouden verzorgen, maar tegenwoordig wordt alleen wijn en licht voedsel geserveerd.

In Israël is het gebruikelijk om op de avond na *Simchat Tora hakkafot* in de openlucht, buiten de synagoge te houden.

In de synagogen wordt de Tora gelezen op *Sjabbat,* de meeste feestdagen en op de maandag- en dinsdag ochtenden. Dit gebruik stamt af van de tijd dat de meeste Joden boeren of schaapherders waren. Op deze dagen brachten ze hun goederen naar de markt. Als hun producten verkocht waren, kwamen de mannen samen om de Tora te lezen.

HOOFDSTUK 23

CHANOEKA
HET INWIJDINGSFEEST

Chanoeka valt op de 25e *kislev* (december). Omdat dit achtdaagse feest vaak samenvalt met kerstfeest wordt het ook wel 'Chanoekerst' genoemd.

Toen in 175 voor Christus Antiochus Epiphanes koning van Syrië werd moest iedereen overgaan tot de Griekse religie en cultuur. In Judea mocht men niet langer de *Sjabbat* houden, de *koosjere** wetten en de besnijdenis werden verboden en degenen die het Joodzijn praktiseerden werden gedood.
Men ontwijdde de tempel in Jeruzalem door varkens op het altaar te offeren en een standbeeld van Zeus op te richten. Sommige Joden hielden zich aan de besluiten van Antiochus.

Anderen werden geheime gelovigen of kozen voor de marteldood.
In 167 voor Christus weigerde Mattathias, de dorpsoudste en priester van Modi'in, om het offervarken te doden en te eten. Toen iemand aanbood het ritueel uit te voeren, werd Matthatias zo woedend dat hij de man doodde. Tijdens het oproer dat hierop volgde doodden Mattathias en zijn vijf zonen een aantal Griekse soldaten en dorpelingen. Samen met een groep mensen die trouw aan God waren gebleven verborg Mattathias zich in heuvels van de Judese woestijn. Vanuit dit gebied leidden ze guerrilla-aanvallen tegen de Grieken. Na de dood van Mattathias werd Juda de militaire leider. Zijn bijnaam 'Maccabee' is waarschijnlijk afgeleid van het acroniem *'Mi kamocha ba'elim Adonai'* - 'Wie is aan U gelijk onder de goden, o God'.
Hoewel de tempel van Jeruzalem was bevrijd door de Maccabeeën in 164 voor Christus, was het pas in 142 voor Christus dat de Judeese onafhankelijkheid werd bereikt.

Als enige overlevende van de familie werd Juda's broer Simon de hogepriester en bestuurder. Dit was het begin van de dynastie van de Hasmoneeën, die doorging tot de Romeinse bezetting van Judea in 63 voor Christus.

Chanoeka (inwijding) verwijst naar de herinwijding en reiniging van de Tweede Tempel in 164 voor Christus. Er was slechts voor een dag pure (koosjer*) olijfolie om het licht van de menora (zevenarmige kandelaar) in de tempel te laten branden. Nadat de menora was aangestoken gebeurde een wonder: de menora bleef acht dagen lang branden.

In Jezus' tijd werd Chanoeka het 'Inwijdingsfeest' genoemd.
"Toen kwam het vernieuwingsfeest te Jeruzalem, het was winter. En Jezus wandelde in de Tempel, in de zuilengang van Salomo."
Johannes 10:22-23.

De tempel in Jeruzalem was het Joodse religieuze- en nationale symbool.
Na de verwoesting verschoof de religieuze focus naar de synagoge. Rabbijnen schakelden over naar de 'olie-legende' (het wonder dat de tempel menora acht dagen bleef branden). Als een zichtbaar en hoopvolle herinnering dat wonderen nog steeds gebeurden, begonnen de mensen olielampen in hun huizen aan te steken. Om de Romeinse bezetters niet te irriteren verminderde het militaire aspect van het feest. Pas in de 19e eeuw, met de opkomst van de Zionistenbeweging en het Joodse nationalisme, herleefde Chanoeka's militaire aspect. Opnieuw putte het Joodse volk kracht uit de moed van de Maccabeeën.

Tijdens Chanoeka wordt een unieke kandelaar, de negenarmige Menora of Chanoekia* gebruikt die acht armen heeft met een extra zijarm. Het extra lichtje wordt sjamasj* genoemd (dienaar of koster) en hiermee worden de andere kaarsen aangestoken.

De meeste mensen zetten de chanoekia voor het raam, maar religieuze wijken zetten ze meestal buiten, voor hun huis. Op de eerste avond van het feest worden over de hele wereld publieke ceremonies gehouden. Iedere daaropvolgende avond wordt een nieuwe lamp of kaars aangestoken, totdat alle kaarsen branden op de achtste en laatste avond.

Na het aansteken van de kaars wordt volgens de traditie het zesdelige lied Maoz Tzur gezongen. Het eerste en laatste couplet gaan over goddelijke verlossing; de middelste vier gedeelten gaan over de Joodse vervolgingen door de geschiedenis heen. Maar ook over dankbaarheid aan God dat men wist te overleven, ondanks al deze tragedies: de exodus uit Egypte, de Babylonische ballingschap, het wonder van het Poerimfeest en de overwinning van de Hasmoneeën over de Grieken.

De populaire (niet-letterlijke vertaling) 'Rots der eeuwen' is afkomstig van de Duitser Leopold Stein (1810-1882). Het is geschreven door de Talmoedische taalkundigen Marcus Jastrow en Gustav Gottheil.

Chanoeka is de tijd om soefganiot* (met jam gevulde donuts) en latkes (aardappel pannenkoekjes) te eten. Het feest wordt gevierd door jong en oud, maar is favoriet bij families met jonge kinderen.

DE *SEVIVON – DREJDEL* (TOL)

Zonder de *sevivon* (Hebreeuws) of *drejdel**
(Jiddisj) is *Chanoeka* niet compleet.
Men denkt dat het spel oorspronkelijk uit India
komt. Tijdens de middeleeuwen werd het op
kerstavond gespeeld door Duitse christenen. De
Duitse Joden vervingen de Duitse letters door
gelijkklinkende letters: *Nun, Gimel. Heh en Sjin,*
wat een acroniem is voor
'Nes Gadol Haja Sjam' –een
groot wonder gebeurde
daar. In Israël wordt
'sjam' (daar) vervangen door
'poh' (hier).

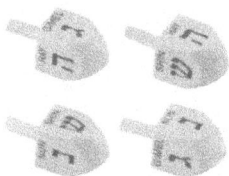

CHANOEKA-GELT (geld)

De traditie van *Chanoeka-gelt* (geld dat aan de
kinderen wordt gegeven tijdens *Chanoeka*) stamt
uit de 17e-eeuwse gewoonte van Poolse Joden
die kinderen geld gaven voor hun onderwijzers.
Later mochten de kinderen het geld zelf houden.
In de 18e eeuw bezochten arme *jesjiva** studenten de huizen van Joodse weldoeners die Cha-
noeka-geld uitdeelden. Het is ook mogelijk dat
het gebruik ontstaan is bij Oost-Europese Joden
die munten aan religieuze onderwijzers gaven als
teken van dankbaarheid (Vergelijkbaar met de
jaarlijkse kerstgratificatie.)
In 1958 gaf de Bank van Israël herdenkingsmun-
ten uit die als *Chanoeka-gelt* gebruikt konden
worden. De munt had een afbeelding van dezelfde menora die 2000 jaar eerder op Maccabese
munten was verschenen.
Kinderen gebruiken vaak chocolade geld om met
de *drejdel** te spelen. Tegenwoordig krijgen de
kinderen echt geld van hun ouders, grootouders
of andere familieleden.

Chassidische rabbijnen delen nog steeds muntjes
uit aan *Chanoeka* bezoekers. Chassidische Joden
beschouwen dit als een belangrijke zegen van
hun Rebbe, en een *segoela** voor succes.

MAOZ TZUR (1e couplet)

O machtig bolwerk van mijn redding!
U te loven is een genot
Laat ons huis van gebed hersteld worden
daar zullen we een dankoffer brengen
wanneer u de slachting hebt voorbereid
voor het lasteren van de vijand
dan zal ik met een lied en psalm
de inwijding van het altaar vieren.

ROTS DER EEUWEN

Rots der eeuwen, laat ons lied
Uw reddende kracht prijzen
Gij, temidden van de woedende vijanden
bent onze toren om in te schuilen.
Woedend vielen ze ons aan
maar Uw arm heeft ons geholpen
en Uw Woord brak hun zwaard
wanneer onze eigen kracht faalde

Opnieuw aanstekend de heilige lampen
priesters in het lijden goedgekeurd
gezuiverd heiligdom van de naties
bracht aan God hun offer
En Zijn rechtbanken omringend
hoor, in vreugde overvloedig
Blijde menigte, liederen zingend
met een krachtig geluid
Kinderen van de martelaren
vrij of geketend
hoor de echo's van de liederen
waarheen u verstrooid bent
Voor u het jubelende bericht
dat de tijd nadert
die alle mensen vrij zal zien
en tirannen verdwijnen.

"BLIE AJIEN HA RA"

De 'ajien ha ra', 'het boze oog', is het (bij) geloof dat bepaalde mensen anderen schade kunnen toebrengen door naar iemand te kijken. Zo'n blek kan pech, ziekte of zelfs de dood veroorzaken.

Het potentiële slachtoffer gebruikt een amulet om zichzelf veilig te stellen tegen deze schadelijke blik. Dit kan een talisman zijn die om de hals wordt gedragen, een rood of blauw gekleurde draad of spiegels om het kwaad af te wenden. Sefardische en Oosterse Joden verven hun deurposten soms blauw of hebben amuletten aan de muur hangen. Een voorbeeld hiervan is de *chamsah** met Bijbelse of kabbalistische teksten. De Asjkenaziem doen een rood lintje om de arm van een pasgeboren baby. De uitdrukking 'Blie ajien hara' betekent letterlijk: 'Moge niemand een boos oog op u werpen – moge je positieve situatie blijven bestaan'.

HET GEBED VAN DE PLANTER
Geschreven door Rabbijn Ben-Zion Meir Haim Uzziel, de eerste Sefardische opperrabbijn van de Staat Israël.

Onze Vader in de hemel, De Schepper van Sion en Jeruzalem, Wees blij o Heer met Uw land en schenk Uw goedheid daarover van de goedheid van uw liefdevolle barmhartigheid; Geef dauw als zegen en geef gewenste regens die vallen op hun tijd Verzadig de bergen van Israël en zijn valleien en voorzie elke plant en boom van water daarmee. Zoals voor deze jonge boompjes die we vandaag voor U planten. Verdiep hun wortels en laat hun pracht toenemen. Dat ze kunnen bloeien en worden aanvaard onder de andere bomen van Israël voor zegen en voor schoonheid.

HET VASTEN VAN *ASARA BETEVET* (DE TIENDE VAN *TEVET*)

Het vasten van *asara betevet* (de tiende van *tevet*) na *Chanoeka* is een beperkte vastendag ('eenvoudig vasten'), en wordt daarom alleen gehouden van zonsopkomst tot zonsondergang. Tijdens deze dag herdenkt men het begin van de belegering van Jeruzalem door koning Nebukadnezar II uit Babylonië. Deze gebeurtenis leidde uiteindelijk tot de verwoesting van Salomons tempel (de Eerste Tempel) en de verovering van het koninkrijk van Juda.

Bomenplanten in Galilea in de 60er jaren.

Sterk de handen van al onze broeders die werken in de heilige grond en dat ertoe leidt dat de wildernis gaat bloeien. Zegen hen o Heer, dat ze zullen slagen en dat het werk van hun handen aanvaard wordt. Kijk van Uw heilige woning uit de hemel neer en zegen Uw volk Israël en het land dat U ons gaf. Zoals u aan Uw vaderen gezworen hebt. Amen.

HOOFDSTUK 24

TOE BISJVAT
HET NIEUWE JAAR VAN DE BOMEN

*"Zoals anderen voor jou hebben geplant,
zo zal jij planten voor jouw kinderen"*
Leviticus Rabba 28
(Joods geschrift over Leviticus).

Toe Bisjvat, de 15e van de Hebreeuwse maand *sjvat (*eind januari, begin februari) wordt niet genoemd in de Bijbel. Maar de *Misjna** (deel van de Talmoed) beschrijft het als 'Nieuw jaar voor de bomen'.

Het regenseizoen in Israël is dan meestal voorbij, maar de mensen hopen nog steeds op de zegen van de 'late regen'. Dit feest geeft de opleving van de natuur weer, die gesymboliseerd wordt door het ontluiken van de amandelboom.

Leviticus 19 vertelt ons wat er van de Israëlieten verwacht werd zodra ze het Beloofde Land binnengetrokken waren:
"Wanneer gij komt in het land en allerlei vruchtbomen plant, dan zult gij de vrucht daarvan als verboden beschouwen; drie jaar lang zal zij u verboden zijn, zij zal niet gegeten worden. In het vierde jaar echter zullen alle vruchten daarvan tot een lofprijzing de Here geheiligd zijn. In het vijfde jaar zult gij dan de vrucht daarvan eten" (NBG)

Een specifieke datum als het nieuwjaar voor de bomen, hielp ook om het gebod van de tienden te houden; iedere agrariër moest 1/10 van de vruchten aan de priesters geven.

Bijbelse tienden waren:

♦ *Orla*; verwijst naar een Bijbels verbod (Leviticus 19:23) om vruchten te eten tijdens de eerste drie jaren nadat de bomen geplant zijn.
♦ *Neta revaj;* verwijst naar het Bijbelse gebod (Leviticus 19:24) om vierdejaars fruitgewassen naar Jeruzalem te brengen als tienden.
♦ *Maäser sjenie*; de tiende die in Jeruzalem werd gegeten.
♦ *Maäser anie;* het tiende deel voor de armen (Deuteronomium 14:22-29) waarbij ook werd berekend of het fruit gerijpt was vóór of na Toe Bisjvat.

Tijdens de Tweede Tempelperiode was het gebruikelijk om na de geboorte van een kind een boom te planten; een ceder voor een jongen (refererend naar zijn hoogte en kracht), en een cipres (kleiner en geuriger) voor een meisje. Als het kind ging trouwen werd het hout van de boom gebruikt om een *choepa** te maken, de huwelijks-baldakijn.

Door de eeuwen heen ontstond in de Diaspora allerlei manieren waarop Toe Bisjvat gevierd werd. In het begin van de 19e eeuw, toen de eerste pioniers Eretz Israël begonnen vrij te kopen, was een onderdeel van hun werk het planten van bomen op de kale, geërodeerde heuvels.

Op *Toe Bisjvat*, 25 januari 1890, gaf Rabbijn Zeev Javetz en zijn studenten het goede voorbeeld door bomen te planten in de agrarische kolonie Zichron Jakob.

Het idee om bomen te planten op *Toe Bisjvat* werd in 1908 overgenomen door de Joodse Leraren Unie, en later door het Joods Nationale Fonds (*Keren Kajemet leIsraël*), die toezicht begon te houden op de bebossing van het land Israël.

Veel grote instellingen in Israël hebben deze dag gekozen om hun inwijdingsceremonies te houden.

De hoeksteen van de Hebreeuwse Universiteit in Jeruzalem werd gelegd op *Toe Bisjvat* in 1918, en de eerste steen van het Technion in Haifa werd gelegd op dezelfde dag in 1925. En ook het eerste Joodse parlement van de Joodse soevereine staat koos ervoor om zijn eerste Knesset zitting te houden op *Toe Bisjvat* in 1949.

Op *Toe Bisjvat* is het gebruikelijk om gedroogd fruit te eten van de zeven soorten die genoemd worden in Deuteronomium 8:8.

Sommige orthodoxe Joden maken snoep van hun *etrog* (een van de 'vier soorten' tijdens *Soekot*) en eten dit tijdens *Toe Bisjvat*.

Toe Bisjvat wordt soms de 'Joodse bomendag' genoemd. Het hoogtepunt van het feest is om een nieuw jong boompje te planten in de aarde van *Eretz Israël*, het Joodse thuisland.

DE AMANDELBOOM

In januari begint de knoestige bladerloze amandelboom te bloeien; haar roze-witte bloemen bieden nectar voor de wilde bijen.

De amandel behoort tot de perzik-familie. Deze groeit in het wild in Israël en kan een hoogte bereiken van 4,5 tot 6 meter. De vrucht is een steenvrucht, dat betekent dat het vanbinnen een zacht vlezig deel heeft rond een steenharde binnenkant die het zaad bevat. Als het rijpt, splitst de droge, houtachtige schil in tweeën. De onrijpe, groenachtige vruchten zijn een delicatesse voor sommigen, maar de meeste mensen geven de voorkeur aan de gedroogde pit. Dat is de amandel die we zo goed kennen en die of zout gegeten wordt, of gemalen tot een suikerhoudende pulp - marsepein.

Amandelknoppen en bloesems waren het deel van de kandelaar in de tabernakel. Aan de staf van Aäron ontsproten tegelijkertijd op wonderbaarlijke wijze zowel bladeren als amandelbloesem – Gods teken dat dat hij en zijn stam waren uitgekozen als priesters.
Tijdens de zeven jaren van hongersnood stuurde Jacob amandelen naar de Egyptische heersers. Hij wist dat dit voor hen een delicatesse was.

In Prediker symboliseert de amandelboom ouderdom, omdat de witte bloesems doen denken aan wit haar.

De wortel van het Hebreeuwse woord *sjaked* (amandel) is het woord *sjoked* (naarstig waakzaam zijn of wachten). In Jeremia 1:11 wordt het als een woordspeling gebruikt. God vraagt Jeremia, Israëls wachter, wat hij ziet, 'Een amandel (*sjaked*) twijg', antwoord hij. God antwoord, 'Ik waak (*sjoked)* over mijn woord om dat te doen'.

In de oudheid werden gedroogde amandelen gemalen tot een pasta of voor als olie. In de Romeinse tijd waren amandelen waren een exclusief kookingrediënt. Door ze in water te koken verdween de bittere smaak en de schillen werden als brandstof gebruikt.

TAÄNIT ESTHER - ESTHER VASTEN

"Zoals zij voor zichzelf en voor hun nako-melingen bepalingen hadden vastgesteld aangaande de vastentijden en het weege-roep" Esther 9:31b

Tijdens het Esther vasten (*Ta'anit Esther*) op de 13e *adar (*voor Poerim) worden de drie vasten-dagen herdacht die in het Bijbelboek Esther worden beschreven.

Omdat dit niet een van de vier openbare vas-tendagen is die door de profeten werden voor-geschreven, zijn zwangere vrouwen, zogende moeders en degenen die zwak zijn niet ver-plicht om zich eraan te houden.

HOOFDSTUK 25

POERIM

Poerim viert de bevrijding van de Joden van een vijand die uit was op hun vernietiging. Het wordt gevierd op de 14e en 15e dag van de maand *adar* (meestal in maart). Poerim is het meervoud van het Hebreeuwse woord 'pur', wat lot betekent (om iets bij toeval te bepa-len). Het verwijst naar Hamans gebruik van het lot om de datum van zijn voorgenomen vernie-tiging van de Joden te bepalen.

In het hele boek Esther *"staat niet een keer de naam van God, maar Zijn vinger is er zeer ze-ker"*, schreef Matthew Henry. *"Zijn voorzienig-heid is duidelijk – stil, maar soeverein aan het werk in de levens van mannen en vrouwen"*.

Hoewel *Poerim* vanuit religieus oogpunt maar een klein feest is (in de Tora wordt het niet als een feest van God genoemd), wordt het uit-bundig gevierd.

Tot het jaar 2 na Christus werd *Poerim* 'de dag van Mordechai' genoemd, of 'dag van bescher-ming'. Mensen vierden de feestdag door het reciteren van het verhaal van de *megila** (boekrol), thuis, en door het uitwisselen van geschenken.

De Talmoed schrijft over openbare lezingen tijdens de Tweede Tempelperiode. Er werd aan de priesters voorgeschreven om hun dienst in de tempel te onderbreken en te luisteren naar de recitatie. Dit gebruik eindigde met de ver-nietiging van de tempel in 70 na Christus.

Met het canoniseren (heilig verklaren) van het boek Esther en het ontstaan van synagogen werden publieke lezingen in het Hebreeuws en andere talen wijdverspreid. Tussen het eind van de derde- en begin vijfde eeuw na Christus werd het lezen van de Hebreeuwse Megila al-gemeen aanvaard. De liturgie was hetzelfde, maar het drama, de kleur, vrolijkheid en praal varieerde van land tot land.

Tijdens de middeleeuwen werd de viering ver-levendigd door maskerades, narren, musici en acteurs. Lawaai maken en een Poerim konin-gin of koning kiezen wordt herleid tot de 14e eeuw in Frankrijk.

In 1615 riep een bakker in Frankfurt (Duitsland) zichzelf uit tot de 'nieuwe Haman' en organiseerde een aanval tegen de Joden van de stad. Hoewel zij terugvochten, werden de Joden uit de stad verdreven, en gedwongen hun bezittingen achter te laten. Een paar maanden later realiseerde de stadsbestuurder dat een groot onrecht had plaatsgevonden. Een militaire band verwelkomde de Joden terug in Frankfurt, de bakker werd gedood en zijn huis vernietigd – dit alles werd op een gedenkplaat gezet. Vanaf die dag werd *Poerim* een bijzonder feest voor de Joden in Frankfurt en lazen zij een speciale *Megila* die hen aan deze gebeurtenis herinnerde.

De *Poerim 'sjpiel'* was een rondreizende voorstelling, waaruit later toneelvoorstellingen ontstonden. Tot de 2e Wereldoorlog vonden toneelvoorstellingen plaats tijdens de maand *adar*. In West-Europa, Noord-Amerika en Israël lag de nadruk meer op de *Poerim* maskerades, zowel voor volwassenen als voor kinderen.

Het boek Esther wordt meestal geschreven op een perkamenten rol van een *koosjer** dier. De *Megila* (rol) is vaak geïllustreerd; dit wordt toegestaan omdat de naam van God er niet in wordt genoemd. De rol wordt gelezen in de synagoge op de avond van *Poerim* en ook de volgende morgen.

Elke keer als de naam van Haman wordt genoemd gebruiken ze hun *raäsjan** (ratel) en stampen met hun voeten om Hamans naam te overstemmen.

Poerim is een feest van blijdschap en het is de enige keer dat de mensen dronken mogen worden, zodat ze zich niet langer herinneren of het Mordechai of Haman was die geprezen of vervloekt moest worden.

Tijdens dit feest sturen men elkaar *misjloach manot ** maar is het ook gebruikelijk om geld te geven. In de synagoge doneren de mannen voor de Tora lezing vaak muntstukken ter herinnering aan het gebruik dat iedere Jood van 20 jaar en ouder een halve *sjekel* betaalde voor de instandhouding van de tempel in Jeruzalem.

Omdat de stad Susan een ommuurde stad was, werd een extra feestdag toegevoegd. Dit is de reden waarom een ommuurde stad zoals Jeruzalem *Poerim* viert op de 15e van de maand *adar*. *Poerim* is een officiële vrije dag in Israël. Overal kan je verkleedde kinderen en volwassenen zien in de meest uiteenlopende kostuums.

***Oznei Haman* of *Haman Tasjen* (**Hamans oren) zijn driehoekige koekjes die een favoriete *Poerim* traktatie zijn. Eén van de vullingen is maanzaad, genaamd *'mohn'* in het Jiddisj, wat een beetje klinkt als 'Haman'. *Oznei Haman* verwijst naar het oud Europees gebruik van het afsnijden van de oren van criminelen voordat ze werden opgehangen.

POERIM KATAN – ADAR 1 EN 2

Omdat het Joodse jaar gebaseerd is op de maankalender, heeft een jaar tussen de 353 en 355 dagen.

Aangezien Joodse feesten altijd worden gevierd op dezelfde dag van de maankalender, betekent dit dat *Pesach* na verloop van tijd in de zomer, herfst of winter zou gaan vallen, in plaats van het voorjaar. Om dit te voorkomen wordt iedere drie jaar een extra maand toegevoegd: *adar* 1. De gewone maand heet dan *adar* 2. Het schrikkeljaar heeft 383 tot 385 dagen. *Poerim* wordt altijd gevierd op de 14e (of 15e) van de maand *adar.* Sommige gemeenschappen vieren tijdens het schrikkeljaar een 'Poerim Katan' (een kleine *Poerim*) naast het echte Poerimfeest.

Men geloofd dat Mozes werd geboren op de 7e dag van de maand *adar* 1 en stierf op dezelfde dag in de maand *adar* 2.

"Toen stierf Mozes, de knecht des Heren, aldaar in het land Moab, volgens des Heren woord. En Hij begroef hem in een dal in het land Moab, tegenover Bet-Peor, en niemand heeft zijn graf geweten tot op de huidige dag."
Deuteronomium 34:5-7 NBG

Orthodoxe Joden vasten op deze dag en voegen een speciaal gebed toe, voorafgaand aan de synagoge diensten. Joodse begrafenisondernemers hebben vaak een bijeenkomst op de 7e van de maand *adar*.

Niemand weet waar Mozes' is gestorven, en daarom heeft de IDF besloten om op de 7e *adar* een speciale herdenkingsdienst te houden voor soldaten wiens lichamen nooit zijn gevonden of niet geïdentificeerd konden worden. Op de IDF-begraafplaats op Mount Herzl is een muur met namen van 588 gesneuvelde Israëlische soldaten, wiens graven onbekend zijn.

HOOFDSTUK 26

ALIJA MAKEN EN DE INZAMELING VAN DE BALLINGEN

*"En toen ik de Afrikaanse Jood
gebogen zag over de oven
om de staaf uit het gloeiende staal
te trekken
en met zijn tangen aan de immigrant
uit de Balkan door te geven
zag ik een volk
dat sterk op zijn fundamenten staat
Ze zijn Joden uit Tripoli, Turkije,
Sana'a en Lvov, uit Sofia en Yassi,
gladgeschoren, zwaar bebaard."*
Natan Alterman

Alija* is het woord dat de terugkeer beschrijft van het Joodse volk uit de ballingschap in de Diaspora naar het land Israël. Het woord komt van *"laälot"*, "omhoog gaan", of "opgaan" in een positieve geestelijke zin. Een persoon die *alija* maakt wordt een *olè* (meervoud *oliem*) genoemd, wat betekent dat 'iemand omhoog gaat'. De tegenovergestelde actie, emigratie uit Israël wordt aangeduid als *jerida* (afdaling).

Volgens de Joodse traditie ga je in geografische en metafysische zin 'op' naar Israel. In de oudheid gingen de Joden uit Egypte, Babylonië of het Middellandse Zeegebied letterlijk "omhoog" naar Jeruzalem, dat 2.700 voet boven zeeniveau ligt.

Alija, de immigratie van Joden naar *Erets Jisraël* (het land Israël) is een belangrijk Joods cultureel begrip en een fundamenteel onderdeel van het Zionisme.

Het is verankerd in Israëls wet op terugkeer, die elke Jood toestaat (als zodanig beschouwd door de *Halacha** en/of Israëlisch seculier recht) en in aanmerking komende niet-Joden; een kind en een kleinkind van een Jood, de echtgenoot van een Jood, de echtgenoot van een kind van een Jood en de echtgenoot van een kleinkind van een Jood, het wettelijke recht op hulp bij immigratie en vestiging in Israël, evenals Israëlisch burgerschap te verkrijgen.

Veel religieuze Joden omarmen alija als een terugkeer naar het Beloofde Land en beschouwen het als de vervulling van Gods Bijbelse belofte aan de nakomelingen van de Hebreeuwse aartsvaders Abraham, Izaäk en Jakob.

Sommige mensen geloven dat *alija* een van de 613 geboden is.

In de Zionistische gedachtegang houdt *alija* (meervoud *alijot*) vrijwillige immigratie in, om ideologische, emotionele of praktische redenen, maar het kan ook een massale vlucht van vervolgde Joden zijn. De wortels van de overgrote meerderheid van de hedendaagse Israëlische Joden liggen in het buitenland. Terwijl velen actief hebben gekozen om zich liever in Israël dan elders te vestigen, hebben anderen weinig of geen keus om huidige land te verlaten. Hoewel Israël algemeen bekend is als 'een land van immigranten', is het in zekere zin ook een land van vluchtelingen.

Het laatste woord van 2 Kronieken 36:23 (Hebreeuwse Bijbel) is *veyaäl*, een werkwoordsvorm ontleend aan dezelfde wortel als *alija,* wat betekent 'laat hem omhoog gaan' (naar Israël).

Terugkeer naar *Erets Jisraël* is een gebedsthema dat drie keer per dag uitgesproken wordt. Ook tijdens diensten op *Pesach* en *Jom Kippoer* worden de gebeden besloten met de woorden 'volgend jaar in Jeruzalem'.

Omdat Joodse afkomst recht op Israëlisch staatsburgerschap geeft, heeft alija zowel een seculiere als religieuze betekenis. Wanneer dat mogelijk was, zijn door de eeuwen heen altijd Joodse groepen teruggekeerd naar het Joodse thuisland.

Voor religieuze Joden werd en wordt *alija* in verband gebracht met de (voor hun eerste) komst van de Messias. Hij zou komen om het land Israël van de heidense overheersing te verlossen en het seculiere Jodendom terug te brengen in een land onder *halachische* theocratie.

Abraham, de eerste 'olee chadasj' en zijn familie kwamen naar het land Kanaän in ongeveer 1800 voor Christus. Jakob en zijn familie trokken naar Egypte, en eeuwen later, ongeveer 1300 voor Christus, leidden Mozes en Jozua de Israëlieten terug naar Kanaän.

Na de Babylonische ballingschap keerde ongeveer 50.000 Joden terug naar Sion op grond van de verklaring van Cyrus in 538 voor Christus. Ezra, de Schriftgeleerde, leidde de Joodse ballingen die in Babylon woonden naar hun vaderstad Jeruzalem in 459 voor Christus. Anderen keerden terug gedurende het tijdperk van de Tweede Tempel.

Tijdens de middeleeuwen hebben bloedsprookjes, pogroms en vervolging ertoe geleid dat veel Joden naar het toenmalige Palestina trokken. In de 18e- en vroege 19e eeuw voegden zich duizenden volgelingen van kabbalistische en chassidische rabbijnen bij de Joodse bevolking in Jeruzalem, Tiberias, Hebron en Safed. De messiaanse dromen van de Vilna Gaon inspireerde een van de grootste pre-Zionistische immigratiegolven naar *Erets Jisrael*. In 1808 vestigden honderden Gaon discipelen, (de *Peroesjiem*) zich in Tiberias en Safed. Later vormden zij de kern van de oude *Jisjoev* van Jeruzalem. In de eerste decennium van de 19e eeuw trokken duizenden Joden uit Perzië en Marokko, Jemen en Rusland naar Israël. Velen kwamen vanwege de verwachtte komst van de Messias in het Joodse jaar 5600 (1840).

Tussen 1882 en 1903 vestigden ongeveer 35.000 Joden zich uit het Russische Rijk (*Hoveivei Zion* en de *Biloe* beweging) en een kleinere groep uit Jemen, in wat toen Ottomaans Palestina was. Velen begonnen met agrarische bedrijven, bijvoorbeeld in Petach Tikvah, Rishon LeZion, Rosh Pina en Zichron Ya'akov.

Jemenitische Joden vestigden zich in Silwan, een Arabische voorstad van Jeruzalem, op de hellingen van de Olijfberg.

Wijze woorden van David Ben-Gurion

(1886-1973)

- "In Israël is het realistisch om in wonderen te geloven."
- "Ons land is meer gebouwd op mensen dan op grondgebied. De Joden zullen overal vandaan komen: uit Frankrijk, Rusland, Amerika, Jemen.... hun geloof is hun paspoort".
- "Er zijn 11 miljoen Joden in de wereld. Ik wil niet zeggen dat ze allemaal hierheen komen, maar ik verwacht meerdere miljoenen, en met natuurlijke aanwas kan ik mij een Joodse Staat van 10 miljoen goed voorstellen".
- "Lijden maakt een volk groter, en we hebben veel geleden. We hadden een boodschap aan de wereld te geven, maar we waren overweldigd, en de boodschap werd afgebroken. Na verloop van tijd zullen er miljoenen van ons zijn – die sterker en sterker worden – en dan zullen we de boodschap voltooien".

Vanwege pogroms en antisemitisme immigreerden tussen 1904 en 1914 zo'n 40.000, hoofdzakelijk Russische Joden naar Ottomaans Palestina. Deze socialistische, idealistische groep vestigde de eerste kibboets, Degania in 1909. Zij vormden ook zelfverdediging organisaties zoals *Hasjomer*, om de groeiende Arabische vijandigheid tegen te gaan en om Joden te helpen hun gemeenschappen tegen Arabische bandieten te beschermen.

Eliezer Ben Jehuda liet het Hebreeuws herleven als de nationale taal; Hebreeuwse kranten en literatuur werden gepubliceerd en politieke partijen en werknemersorganisaties opgericht.

Tussen 1919 en 1923 (na de Eerste Wereldoorlog) vestigden zich 40.000, hoofdzakelijk Russische Joden in het land dat inmiddels het Britse Mandaatgebied Palestina was geworden.
Veel pioniers, *chaloetsiem*, die getraind waren in landbouw, richtten zelf bedruipende economieën op.

Zichron Jaákov

Ondanks Britse immigratie-quota groeide de Joodse bevolking tot 90.000 aan het eind van die periode.

Moerassen in de Jizreël Vallei en de Hefer Plain (Hula Vallei) werden drooggelegd veranderd in landbouwgrond. Er ontstonden meer nationale instellingen zoals de *Histadroet* vakbond en de *Hagana,* de voorloper van de Israëlische strijdkrachten (IDF).
Het toenemende antisemitisme in Polen en Hongarije leidde tot de komst van 82.000 Joden tussen 1924 en 1929. Onder hen waren veel families uit de middenklasse, die in groeisteden kleine bedrijven en -industrieën opstarten.

De opkomst van het Nazisme bracht een nieuwe golf van 250.000 immigranten tussen 1929 en 1939.

Tijdens deze zogenoemde 5e *alija* kwamen de meeste mensen uit Oost-Europa; onder hen bevonden zich Duitse professionals, artsen, advocaten en professoren. Gevluchte kunstenaars introduceerden de Bauhaus architectuur en richtten het Palestina Filharmonische Orkest op. Met de nieuwe haven van Haifa en zijn olieraffinaderijen werd een belangrijke industrie toegevoegd aan de overwegend agrarische economie.

Alijat Hanoar (jeugd alija) redde duizenden Duits-Joodse kinderen uit de klauwen van de Nazi's. Zij werden opgenomen in *kibboetsim* en jeugddorpen in Britse Mandaat Palestina. Hier kregen ze onderwijs en vonden zij een thuis.
Alijat Hanoar werd in 1933 in Berlijn opgericht door Recha Freier, op dezelfde dag dat Adolf Hitler de macht kreeg. Bij aankomst in Palestina, werden de kinderen welkom geheten door Henrietta Szold. De 5000 tieners werden naar Palestina gebracht vóór de 2e Wereldoorlog uitbrak en opgeleid door de kostscholen van de Jeugd *Alija*. Anderen werden tijdens de beginjaren van de oorlog uit het bezette Europa gesmokkeld. Sommigen gingen naar Palestina, Engeland of andere landen. Na de oorlog werden 15.000 extra, meest jeugdige Holocaustoverlevenden, naar Palestina gebracht.

Nu is de Jeugd *Alija* een afdeling van het Joods Agentschap, dat nog steeds jonge mensen naar Israël brengt uit Noord-Afrika, Centraal en Oost -Europa, Latijns-Amerika, de Sovjetunie en Ethiopië.

Spanningen tussen Arabieren en Joden namen steeds meer toe, wat ten slotte leidde tot het Arabisch-Israëlische conflict. Het Witboek van 1939 (Brits overheidsdocument), uitgegeven door de pro-Arabisch Britse regering beperkte de Joodse immigratie tot 75.000 mensen in vijf jaar. Er was geen andere optie dan illegaal met de immigratie door te gaan – de *Alija Beet*.

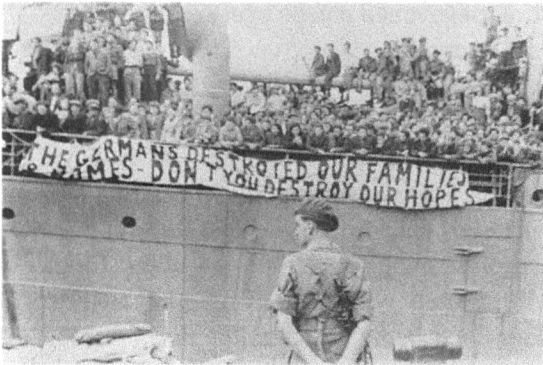

Tussen 1933 en 1948 werd de *Haäpala* (de 'illegale' immigratie) zowel door de *Mossad Le'alija Beet* en de *Irgoen* georganiseerd. De meeste immigranten kwamen over zee, maar sommigen via Irak en Syrië. Tussen de 2e Wereldoorlog en Israëls Onafhankelijkheid in 1948 werd de Alija Beet de belangrijkste vorm van Joodse immigratie. Na de 2e Wereldoorlog escaleerde de illegale immigratie toen er veel Holocaust overlevenden bij kwamen.

Tussen 1948 en 1950 vond 'inzameling van de ballingen' plaats – de *kibboets galoejot.* Het Amerikaans-Joodse Joint Distribution comité (de Joint) werd in 1914 opgericht. Hun fondsen, diplomatieke vaardigheden en goed geleide organisatie zorgde voor de redding van de Joden op grote schaal. Met de geboorte van de Staat Israël in 1948 werd het Joodse Agentschap voor Israël aangesteld, als de verantwoordelijke organisatie voor de *alija* uit de Diaspora.

De net opgerichte Staat Israel had tekort aan voedsel en vreemde valuta. In slechts drie-en-een-half jaar verdubbelde de bevolking met de komst van bijna 700.000 immigranten. De regering moest strenge maatregelen nemen om ervoor te zorgen dat er voldoende rantsoenen waren voor alle burgers. Dankzij het soberheidsplan leed niemand honger en werd voor alle immigranten onderdak gevonden.

Tussen 1948 en het begin van 1970 vluchtten of werden zo'n 900.000 Joden uit Arabische landen verdreven. De gehele Jemenitisch Joodse gemeenschap van ongeveer 49.000 mensen werd overgevlogen naar Israël in 'Operatie Magisch Tapijt'

Operatie Ezra en Nehemia bracht 114.000 Irakese Joden thuis. Na de Islamitische Revolutie immigreerden meer dan 30.000 Iraanse Joden naar Israël.

De massale luchtbrug, bekend als Operatie Mozes, begon Ethiopische Joden naar Israël te brengen op 18 november 1985 en eindigde op 5 januari 1986. In 6 weken tijd werden tussen de 6.500 en 8.000 Ethiopische Joden overgevlogen van Sudan naar Israël. Tussen de 2.000 en 4.000 mensen overleden op hun tocht naar Sudan, of in Sudanese vluchtelingenkampen. In 1991 werd Operatie Salomo op touw gezet om de *Beta Jisraël* Joden uit Ethiopië naar Israël te brengen. In één dag (24 mei) landden 34 vliegtuigen in Addis Abeba en brachten 14.325 Joden van Ethiopië naar Israël. Ethiopische Joden immigreren nog steeds naar Israël. Tegenwoordig wonen er meer dan 100.000 in *Eretz Jisrael.*

Vrezend voor een 'brain-drain' (kennisvlucht) en uitputting van hun intelligentsia was massale emigratie ongewenst voor het Sovjet regime. Na de 6-daagse oorlog in 1967 begon de door de staat gecontroleerde massa media antizionistische campagnes te houden.

Aan het eind van 1960 was de meerderheid van de Sovjet-Joden geassimileerd en niet-religieus. Maar de Israëlische overwinning in 1973 op de Sovjet-bewapende Arabische legers wakkerde de Zionistische gevoelens aan. De Russisch-Joodse immigratie begon massaal in de jaren 1990 toen de liberale regering van Michael Gorbatsjov de grenzen van de USSR opende en Joden toestond om het land te verlaten; meer dan een miljoen Sovjet-Joden immigreerde naar Israël.

Vanaf het jaar 2000 bewoog de politieke en economische instabiliteit meer dan 10.000 Argentijnse Joden om naar Israël te immigreren. Ook Uruguay maakte een crisis mee en in die zelfde periode maakten meer dan 500 Joden van daar *alija*.

In Venezuela maakte een toenemend aantal Joden alija door een groei van gewelddadig antisemitisme tijdens het eerste decennium van de 21e eeuw. Voor de eerste keer in de geschiedenis van Venezuela vertrokken honderden Joden tegelijk naar Israël. In november 2010 had meer dan de helft van de 20.000 sterke Joodse gemeenschap in Venezuela het land verlaten.

De tweede intifada in Israël veroorzaakte veel antisemitische incidenten in Frankrijk. Tussen 2001 en 2005 maakten 11.148 Franse Joden alija. De immigratie uit Frankrijk gaat nog steeds door – na iedere dodelijke aanslag neemt het aantal toe.

Net zoals West-Europese olim hebben Noord-Amerikanen de neiging om meer vanwege religieuze, ideologische en politieke doeleinden naar Israël te immigreren. De voortdurende wereldwijde financiële crisis (die begon in 2008), bracht veel Amerikaanse Joden naar Israël om financiële redenen. Ze zagen dat Israël erin slaagde om de financiële crisis beter te doorstaan dan de Verenigde Staten en de meeste andere landen. In 2009 maakten 4.000 Amerikaanse Joden alija, het grootste aantal in één jaar sinds 1983.
Ruim 110.000 Noord-Amerikaanse immigranten wonen nu in Israël en hun aantal groeit nog steeds.
De *Nefesj Benefesj* organisatie biedt financiële steun, arbeidsbemiddeling en gestructureerde gouvernementele procedures voor Noord-Amerikaanse en Britse immigranten.

David Ben-Gurion had Golda Meir opgedragen om fondsen te werven voor de komst van al die nieuwe immigranten. Niemand werd afgewezen en alles werd in het werk gesteld om voedsel en onderdak voor hen te vinden. Het thema voor Golda's fondsenwerving was dat er geld nodig was, 'niet om een oorlog te winnen, maar om het leven te behouden'.

"Vroeger ging ik soms naar Lydda (vliegveld Lod)", herinnerde Golda Meir zich, *"en keek naar de vliegtuigen die uit Aden landden. Ik verwonderde mij over het uithoudingsvermogen en het* geloof van de uitgeputte passagiers. Heb je ooit eerder een vliegtuig gezien? Vroeg ik aan een oude man met baard. Nee, antwoordde hij. Maar was u niet bang om te vliegen, ging ik door. Nee, zei hij opnieuw. Het is allemaal in de Bijbel beschreven, in Jesaja. Zij zullen gedragen worden op arendsvleugels. En terwijl ik daar stond op het vliegveld, citeerde hij het hele Bijbelgedeelte voor mij. Zijn gezicht lichtte op van vreugde over een vervulde profetie - en over het einde van de reis".*

Vanaf midden 1990 is er een gestage stroom van Zuid-Afrikaanse Joden, Amerikaanse Joden en Franse Joden die ofwel *alija* hebben gemaakt of een huis in Israel hebben gekocht als een verzekeringspolis voor de toekomst.

De immigratie van de *Bnee Menasje* (zonen van Manasse) Joden uit India begon vroeg in de negentiger jaren en gaat nog steeds door.

Regelmatig publiceren Israëlische kranten artikelen over groepen olim die aankomen in Israël. Het is altijd om een nieuwe groep nieuwe immigranten te zien aankomen op het vliegveld Ben-Gurion. Trots zwaaiend met hun Israëlische identiteitskaard, zijn ze klaar om aan hun nieuwe leven in Israël te beginnen.

Sommige oliem krijgen speciale aandacht, in het bijzonder alleenstaanden of echtparen van 80 jaar of zelfs 90, die eindelijk besloten om 'thuis te komen'.
Het oudste echtpaar dat ooit alija heeft gemaakt landde in Israël in februari 2012. Philip (95) en Dorothy (93) Grossman uit Baltimore maakten deel uit van een *Nefesj Benefesj* groep, samen met meer dan 40 Noord-Amerikaanse nieuwe immigranten.
De Grossmans gingen direct door naar hun nieuwe huis in Jeruzalem. Het in Amerika geboren echtpaar was 71 jaar getrouwd. Eén van hun drie kinderen woont al in Israël en de tweede is ook van plan om naar zijn ouders te volgen.

De oudste persoon die ooit *alija* heeft gemaakt is een vrouw uit New York die op 102 jarige leeftijd naar Israël verhuisde; een inwoner uit Baltimore was iets jonger – hij was 'pas' 99.

Voor een Jood is het nooit te laat om thuis te komen!

"Het opnemen van deze immigranten zou boven de capaciteit van een gevestigd, welvarend land zijn gegaan, laat staan voor een pasgeboren land, strijdend om zichzelf te verdedigen".
Chaim Herzog

Ter gelegenheid van een woonproject in de buurt van Rishon LeZion sprak Moshe Sharett in 1951 een massabijeenkomst toe van nieuwe immigranten. Zijn toespraak was in vijf talen, in het Jiddisch, Turks, Arabisch, Frans en Hebreeuws.

In 2008 trouwden Ya'acov Manlun (97) en zijn vrouw Orah (88), nieuwe immigranten van de *Bnee Menasje* stam uit India, tijdens een uitbundige ceremonie met veel gasten in Kiryat Arba. Ya'acov en Orah moesten 15 jaar wachten om toestemming te krijgen om *alija* te kunnen maken. Ze hebben negen kinderen (drie van hen maakten ook *alija*), en bijna 70 kleinkinderen, achterkleinkinderen en achterachterkleinkinderen die in Israël en India wonen. Het echtpaar was bijna 70 jaar getrouwd. Toen de procedure van hun bekering achter de rug was, wilden ze opnieuw trouwen volgens de wet van Mozes.

ALIJA OVERZICHT

Pre-Zionistische *alijot* (1700-1882

Eerste (Zionistische) *alija* (1882-1903)

Tweede *alija* (1904-1923)

Derde *alija* (1924-1929)

Vierde *alija* (1929-1939)

Alijat Hanoar (Jeugd *alija* 1933-heden)

Alija Beet (illegale immigratie – 1933-1948)

Vroege Staat (1948-1950)

Alija uit Arabische- en moslimlanden (1948-beginjaren van 1970)

Operatie Magisch Tapijt – Jemenitische Joden (1949-1950)

Operatie Ezra & Nehemia – Irakese Joden (1950-1952)

Marokkaanse Joodse *alija* (1954-1955)

Alija uit Iran (1948-heden)

Operatie Mozes – Ethiopische *alija* (1985-1986)

Beta Israël (Huis van Israël), Ethiopische *Falasjmoera* (1990 tot heden)

Operatie Salomo – Ethiopische Joden (1991)

Alija uit de Sovjetunie en post-Sovjet Staten (1990er jaren)

Alija uit Argentinië en Uruguay (2000-heden)

Venezolaanse *alija* (2010-heden)

Franse *alija* (2001-heden)

Noord-Amerikaanse *alija* (1983-heden)

Zuid-Afrikaanse *alija* (1990-heden)

Bnee Menashe alija – India (1990-heden)

HOOFDSTUK 27

Sefer Tora

Volgens de Joodse wet is een *sefer Tora* (meervoud: *sifrei* Tora) of Torarol een kopie van de officiële Hebreeuwse tekst van de vijf boeken van Mozes, handgeschreven op 'gviel' of 'klaf' (*koosjer* perkament) met behulp van een pen of ander toegestaan schrijfgerei, gedoopt in inkt. Het vervaardigen of een opdracht geven voor het schrijven van een *Sefer Tora* is de vervulling van een van de 613 *mitswot.*

De rol wordt voornamelijk gebruikt voor de Toralezing tijdens de synagogediensten. Ongebruikt, wordt het bewaard in de Aron Kodesj (Heilige Ark*), meestal een sierlijk gordijn voor een kast of een deel van de synagoge die richting Jeruzalem wijst. Die kant buigen Joden zich als ze bidden. In Jeruzalem staat de ark richting de Tempelberg, waar de tempel heeft gestaan.

Voor niet-rituele functies wordt de *choemasj* * (vijfdelig – voor de vijf boeken van Mozes) gebruikt. Dit is een gedrukt en gebonden boek, vaak voorzien van commentaren of vertalingen.

De Toralezing van een *Sefer Tora* wordt traditioneel gedaan op maandag- en dinsdagochtenden, maar ook voor *Sjabbat* en Joodse feesten. De aanwezigheid van een *minjan** is vereist om de Tora in het openbaar te lezen tijdens de erediensten.

De rol wordt op een zogenaamde *mapa** gelegd – een stuk stof en dan geopend. Terwijl uit de Tora wordt gezongen, wordt de dicht op elkaar geschreven tekst gevolgd met behulp van een *jad**, een metalen of houten aanwijzer in de vorm van een handje dat de rollen beschermt door onnodig huidcontact met het perkament te vermijden.

Als de *Sefer Tora* door de synagoge gedragen wordt, kunnen de gemeenteleden de rol aanraken met de punt van hun *talliet*. Daarna kust men de punt als een teken van respect. Sommige gemeenschappen hullen een S*efer Tora* niet in een 'mantel', maar gebruiken een tiek (decoratieve houten kist ter bescherming van de rol). Sefardische gemeenschappen noemen de mantels *vestidos*.

Zegening vóór de Toralezing

"Loof de Heer die (alleen) te prijzen is! Geprezen zij de Heer die geprezen is voor alle eeuwigheid. Gezegend bent U, Heer onze God, Koning van het heelal, die ons koos uit alle volkeren en die ons de Tora gaf. Gezegend bent U Heer, gever van de Tora."

Zegening na de Toralezing

"Gezegend bent U, Heer onze God, Koning van het heelal, die ons de Tora van de waarheid heeft gegeven en eeuwig leven. Gezegend bent U, Heer, gever van de Tora."

Ketav stam is de specifieke Joodse traditionele schrijfwijze waarmee de *sifrei Tora, Tefilien, Mezoezot* en de vijf *Megillot* worden geschreven. De schrijver, een *sofer stam,* gebruikt een veer en aparte inkt (*dijo*) op speciaal perkament, *klaf* genaamd. Tegenwoordig kiezen sommige geleerden ervoor om *sofeers* te worden of ze trainen daarvoor Schriftgeleerden.

Ter ere van een speciale gelegenheid of herdenking, geven gemeenschappen of individuen een opdracht voor een *Sefer Tora*, wat duizenden euros kan kosten.

Volledig in het Hebreeuws geschreven, bevat een Sefer Tora 304.805 letters, die allemaal precies gedupliceerd moeten worden door een getrainde *sofeer*. Gemiddeld duur het zo'n anderhalf jaar voordat een *Sefer Tora* klaar is. Een fout tijdens de transcriptie kan de rol *pasoel* (ongeldig) maken.

Sommigen fouten zijn onvermijdelijk tijdens de productie. Als de fout een ander woord dan God betreft, wordt het met een scherp voorwerp van de rol afgeschraapt. Als de naam van God verkeerd is geschreven, dan moet de hele pagina van de rol worden afgesneden een nieuwe pagina toegevoegd. De nieuw geschreven pagina wordt dan in de rol vastgenaaid om de continuïteit van het document te behouden. De pagina met de fout wordt begraven in een *geniza**.

Moderne *Sifrei Tora* worden geschreven met 42 regels tekst per kolom (Jemenitische Joden gebruiken 50).

Er worden zeer strikte regels over de positie en het uiterlijk van de letters in acht genomen, maar Schriftgeleerden kunnen meerdere Hebreeuwse scripts gebruiken.

De boeken van de Tora

- ◆ Genesis (*Beresjiet* – in het begin
- ◆ Exodus (*Sjemot* – namen)
- ◆ Leviticus (*Vajiekra* – en hij noemde)
- ◆ Numeri (*Bamiedbar* – in de woestijn)
- ◆ Deuteronomium (*Devariem* – woorden, spreken)

DE HACHNASAT SEFER TORA CEREMONIE

Het introduceren van een nieuwe *Sefer Tora* in een synagoge gebeurd in de *hachnasat Sefer Tora (*letterlijk: inluiden van de Torarol) ceremonie. Dit gaat vaak gepaard met vrolijke dansen, zingen en een feestmaaltijd.

De vroegere viering (rond 1000 voor Chr. - 1e Tempelperiode) wordt beschreven in de Bijbel - de priesters en zelfs koning David 'danste voor de ark (van het verbond)' of 'danste voor de Heer'. Met een linnen lijfrok danste David uit alle macht voor het aangezicht van de Heer, terwijl hij en heel Israël de ark van de Heer droegen onder gejubel en hoorngeschal (zie 2 Samuel 6:14-15).

De persoon die de Tora opdraagt nodigt speciale gasten uit voor een viering. Het is een grote eer om de gelegenheid te krijgen om een van de laatste letters te schrijven. Er worden speeches gehouden over het belang van de Torastudie, het onderhouden van de Tora en de Tora levenswijze.

De *hachnasat Sefer Tora* ceremonie is als een bruiloft, de aanvaarding van de Tora wordt gezien als een huwelijk met God. De berg Sinaï was de tent, het Joodse volk de bruid, de Almachtige de bruidegom en de ring de Tora. De man die de eer heeft om de nieuwe Torarol naar de synagoge te dragen loopt meestal onder een *choepa**, vaak gemaakt van een *talliet** die aan vier palen is verbonden.
De blijde stoet, inclusief vrouwen en kinderen, dansen en zingen terwijl ze naar de synagoge lopen.

Een *Sefer Tora* wordt met groot respect behandeld en bewaard in de ark (*Aron Kodesj** of *Hechal**), die is afgedekt met een geborduurd *parochet** (gordijn). Zie Exodus 26:31-34.

De rol zelf is vaak omgeven met een strook zijde (of wimpel*) en 'bekleed' met fijne stof die ook wel de 'Mantel van de Wet' wordt genoemd.

De sierlijke borstplaat bevat handgrepen voor de rollen (*Ets Hachajiem*) en het belangrijkste ornament – de 'Kroon van de Wet', die passend is gemaakt voor de boveneinden van de gesloten rol. Sommige rollen hebben twee kronen, één voor elk boveneind. Het metaalwerk is vaak gemaakt van geslagen zilver, en soms verguld.

De gouden en zilveren ornamenten die bij de rol horen zijn algemeen bekend als *keele kodesj* (geheiligde kokers) en lijken enigszins op de ornamenten van de *Kohen Hagadol* (hogepriester).

Aan de handgrepen van de rollen, borstplaat en kroon zijn vaak kleine belletjes bevestigd. De versiering is geen verering van de *Sefer Tora*, maar is bedoeld om aan te geven als onschendbaar en heilig, zoals het levende Woord van God. Een *jad** kan ook aan de rol gehangen worden sinds de Tora niet aangeraakt mag worden met de blote vinger.

HOOFDSTUK 28

Chanoekat habajit
Inwijding van een nieuw huis

"Wie is de man die een nieuw huis heeft gebouwd en het nog niet in gebruik genomen heeft? Laat hij weggaan en naar zijn huis terugkeren, opdat hij niet in de strijd sterft en iemand anders het in gebruik neemt." Deuteronomium 20:5

Dit vers gebiedt de inwijding van een nieuw huis als een officiële bevestiging van zijn nieuwe plek en doel daarvan. Het Joodse leven moet in acht worden genomen in het dagelijks gedrag, maar de twee belangrijkste aandachtspunten zijn de synagoge en het huis.
Het huis wordt gezien als de plaats waar sommige tempeltradities worden voortgezet: de *sjabbatkaarsen* (tempel, menora) en de eetkamertafel (het altaar).

Veel religieuze Joden proberen te verhuizen naar een nieuw huis op *jom sjliesjie* (dinsdag), omdat het de enige dag is waarvan God tweemaal zei dat het goed was. Om deze reden geven Joodse echtparen er de voorkeur aan om ook op een dinsdag te trouwen.

Religieuze Joden zullen nooit in een nieuw huis trekken op *Sjabbat* of op Joodse feestdagen. Degene die bijgelovig zijn verhuizen ook nooit op maandag en woensdag omdat volgens de kabbala op deze dagen het ernstige karakter van God overheerst.

Sommige orthodoxe Joden hebben, alvorens een nieuw huis te betrekken, de gewoonte om eerst een groep jonge kinderen uit te nodigen om in het nieuwe huis Tora te bestuderen. Ze geloven dat Torastudie van jonge zuivere zielen een spirituele reinigende werking heeft op de hele omgeving.

Men brengt de Joodse sfeer binnen door als eerste (religieuze) boeken en een liefdadigheid bus binnen te dragen. Pas daarna brengen de verhuizers de rest van de dozen binnen.

Hiermee hoopt de eigenaar dat zijn huis een veilige haven voor studie en goedertierenheid zal worden.

Veel religieuze Joden laten een stuk muur kaal, ter herinnering aan de verwoesting van de tempel. Sommige huizen hebben een zogenoemde 'hoek voor God'. Die wordt uitsluitend gebruikt voor gebed en meditatie.

In Israël is het de gewoonte geworden om bij verhuizing een nieuw huis in te wijden – de *Chanoekat habajit (*huisinwijding). Men spreekt woorden uit de Tora en familie en vrienden maken van de gelegenheid gebruik om hun zegeningen en wensen voor een vruchtbaar en gelukkig verblijf in dit nieuwe huis te delen. Er zijn zegeningen en liederen; sommigen lezen Psalm 15 voor, die een samenvatting is van het ideale menselijke gedrag. Ook wordt Psalm 119 gelezen, waar een naamdicht (acroniem) van het woord '*bracha'* (zegen) wordt gevormd.

Veel mensen gebruiken brood, zout en kaarsen om hun nieuwe huis in te wijden. Het brood vertegenwoordigt de hoop dat er altijd genoeg voedsel zal zijn; de kaarsen zijn een symbool van licht en vreugde; het zout is een herinnering aan de offers in de tempel en vergoten tranen.

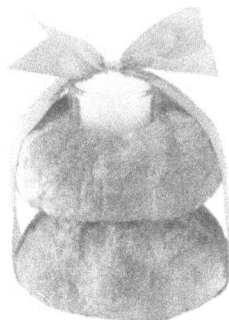

De gastheer groet de gasten met een welkomstzegen:
"We zegenen allen die komen in de naam van God met liefde en vrede om deze plek te heiligen, nu we dit huis tot ons thuis maken."
De gastheer reciteert dan de *sjehechejanoe* (uitgesproken tijdens vreugdevolle gebeurtenissen):
"Gezegend bent U, Heer onze God, Koning van het heelal, die ons leven heeft gegeven, ons heeft onderhouden en ons in staat hebt gesteld deze gebeurtenis te bereiken."

Tijdens dit feest eet men tegenwoordig ook nieuwe vruchten, zodat de *sjehechejanoe-* zegen zowel voor het nieuwe huis is als voor de nieuwe vruchten.
Als het weer het toestaat vind de bijeenkomst buiten plaats en mediteert men in stilte over de zegeningen die zij wensen voor het huis.
"Hine ma tov oemanajiem, sjevet achiem gam jachad" (Zie, hoe goed en lieflijk is het als broeders eensgezind samenwonen) is een favoriet lied voor een inwijdingsfeest.

Een belangrijk onderdeel van de *Chanoekat habajit* ceremonie is het aanbrengen van de *mezoeza** aan de voordeur van het huis en aan andere deuren (met uitzondering van de badkamers en toiletten).

"Guardian of the doors of Israel!"

שׁוֹמֵר דַּלְתוֹת יִשְׂרָאֵל
שׁד"י

De *mezoeza* is een van de vele symbolen in het jodendom, die een identiteit bepalen: een voortdurende herinnering aan iemands verplichting jegens God, en ook een bevestiging van de Eenheid van God.

Een *mezoeza* kan vervaardigd zijn van hout, metaal, steen of keramiek. Het perkament binnenin de mezoeza is beschreven met de woorden van Deuteronomium 6:4-9 en 11:13-21. Op de voorkant van de mezoeza staat vaak *Sjaddaj* of de Hebreeuwse letter 'sjien'. *Sjaddaj* (Almachtige) is een van de namen van God, en een afkorting van de 'wachter voor de deuren van Israël'.

De *mezoeza* dateert uit de periode van de Joodse slavernij in Egypte; alle Egyptische huizen hadden een heilig geschrift bij hun ingang. *Mezoeza* betekent letterlijk 'deurpost', daarom wordt deze bevestigd aan de deurpost van het Joodse huis, zoals voorgeschreven in Deuteronomium 6:9 en 11:20: *"En gij zult ze schrijven op de deurposten van uw huis en aan uw poorten"*.

Oorspronkelijk was een verkorte versie van het dagelijkse gebed, de *'Sjema'*, gekerfd in de deurpost van een Joods huis. Later schreef men de 22 regels van de *"Sjema"* op een stuk perkament en bevestigde dat aan de deurpost. Om het kostbare perkament te beschermen werd het in een hol gemaakt stuk riet geschoven, en uiteindelijk een houder werd zoals we die vandaag kennen.

Sommige mensen geloven dat de *mezoeza* een amulet is die het huis beschermt en geluk brengt. Om de 'beschermende' werking van de *mezoeza* te accentueren, voegen sommige ultraorthodoxe Joden kabbalistische symbolen en inscripties toe aan de citaten op het perkament.

Toch ziet de meerderheid de *mezoeza* als een herinnering om niet te zondigen en om Gods geboden te houden.

Het is de plicht van een religieuze Jood om een *mezoeza* aan de deurpost van zijn voordeur te hebben. Het is een *mitswa** om een *mezoeza* te maken (of te geven) voor het huis van iemand anders.

Na het aanbrengen van de *mezoeza* reciteert de gastheer:

"Gezegend zijt Gij, onze genadige, enige God, soeverein in het universum, die ons heiligt door Uw geboden en ons opdraagt om een mezoeza aan te brengen. Gezegend zijt Gij, Eeuwige, enige God, die ons het leven geeft en ons kracht toedeelt en in staat stelt om dit moment te bereiken".

De gasten worden nu uitgenodigd om het huis binnen te gaan voor de zegen van het brood:
"Gezegend is Hij die ons voedt met brood".
Iedereen doopt nu een stuk brood in diverse symbolische specerijen: zout (symboliseert een leven van heiligheid), olie (levensonderhoud), of honing (zoetheid).
Na de zegen van dankzegging: *"Zoals wij de Bron van Leven zegenen, zo zijn wij gezegend,"* worden de gasten uitgenodigd om hun persoonlijke zegeningen voor het nieuwe huis te delen.

Een gebed

"Moge boosheid en angst, haat en honger, belediging en verwonding nooit over deze drempel binnenkomen.
Moge de mezoeza, als we deze bij het in- en uitgaan deze kussen, eenieder die binnenkomt eraan herinneren om alleen liefde en lachen, lofprijzing en gebed, vriendelijkheid en troost te brengen.
Laten de deuren van dit huis wijd open staan, zodat eenieder die binnenkomt bescherming en liefde vindt.

HOOFDSTUK 29

VAN *SJIDOECH* TOT *CHOEPA*
VAN MATCHMAKING TOT BRUILOFT

Matchmaking in Bijbelse tijden
De eerste *sjidoech** die in de Tora voorkomt is de match die Eliëzer, de dienstknecht van de patriarch Abraham, maakte voor zijn meesters zoon Izaäk (Genesis 24). Eliëzer kreeg de specifieke instructie een vrouw te kiezen uit Abrahams eigen familie. Door de Joodse geschiedenis heen waren gearrangeerde huwelijken de normale voorkeursmethode om jonge mensen uit te huwelijken.
Het 'koppelaars'-beroep ontstond in de middeleeuwen en hun commissie was 2 % van de bruidsschat. De *sjadchen** was vaak een Tora-geleerde die veel families kende. Met name in moslimlanden waren de *sjadchens* vrouwen.
De etymologie van de woorden *sjidoech* en *sjadchen* is onzeker. Het wordt aangenomen dat deze zijn afgeleid van het Aramese woord voor 'kalm'. Het hoofddoel van het *sjidoech*-proces is immers dat jonge mensen zich 'vestigen' in een huwelijk. In modern Hebreeuws betekent 'sjadchen' nietmachine.

Matchmaking tegenwoordig
De *sjidoech* is een matchmakingsysteem waarin Joodse vrijgezellen in Orthodox-Joodse gemeenschappen aan elkaar worden voorgesteld, met als doel een huwelijk. Een *sjidoech* wordt ook als een verloving gezien, omdat dan een overeenkomst wordt getekend om te gaan trouwen. *Tsenioet** – kuis gedrag in relatie tussen mannen en vrouwen is heel belangrijk.

Orthodoxe Joden mogen alleen daten om een huwelijkspartner te vinden. Van beide kanten doen vrijgezelle vrienden en vriendinnen, de ouders, en familieleden navraag naar het karakter, intelligentie, leerniveau, financiële status, familie- en gezondheidsstatus, en de religieuze toewijding van de potentiele partner.

Een *sjidoech* begint vaak met een aanbeveling van familieleden, vrienden of mensen die koppelen een *mitswa** beschouwen. Een professionele *sjadchen** (matchmaker) biedt zijn/haar diensten aan tegen een tarief. Omdat rabbijnen hun gemeenschap goed kennen treden zij vaak op als matchmaker.
Zeker in kleine Joodse gemeenschappen, waar de kans klein is om een toekomstige huwelijkspartner te vinden, heeft de *sjadchen* toegang tot een breder spectrum aan kandidaten.

Potentiele partners ontmoeten elkaar een aantal keren om uit te vinden of ze geschikt voor elkaar zijn. Het aantal ontmoetingen dat voor een verloving afgaan varieert per gemeenschap. Soms kan het een paar maanden duren, maar in strengere gemeenschappen moet het paartje vaak binnen een paar dagen na de eerste ontmoeting een keuze maken. Onder de Chassidiem is achttien de leeftijd waarop sjadchens actief worden en de *sjidoechim* beginnen. In andere gemeenschappen kan dit op een latere leeftijd zijn.

Voordat een paartje aan hun dating begint spreekt de *sjadchen* vaak met beide persoonlijk om een aantal zaken uit de weg te ruimen. Zij worden geacht de *sjadchen* op de hoogte houden hoe het gaat met de sjidoech. Als het niets blijkt te worden moet de *sjadchen* de andere partij te vertellen dat de match niet doorgaat.

Als het wel een match is, dan wordt de matchmaker natuurlijk hiervan op de hoogte gebracht.

Basjov*

De toekomstige partners daten alleen in het openbaar, nooit alleen of gaan naar een zogenaamde *basjov** (een sit-in). De jongeman en zijn ouders bezoeken de jongedame bij haar thuis om te zien of het inderdaad een match is. De ouders spreken met elkaar over koetjes en kalfjes, en zodra de sfeer ontspannen is, trekken zij zich terug naar een andere kamer. Het jonge stel wordt in de woonkamer achtergelaten om met elkaar te praten. Sommigen maken van de gelegenheid gebruik om specifieke vragen te stellen; anderen willen gewoon kijken of ze elkaar leuk vinden. Zij vertrouwen op de informatie die de *sjadchen* of andere mensen hun hebben gegeven. Het aantal *basjovs* voor de verlovingsaankondiging varieert per gemeenschap. Sommigen houden vele *basjovs*, terwijl anderen er maar één houden. Dit laatste gebeurt vooral bij kinderen van chassidische rabbijnen.

Basjert

Het woord '*basjert*' (Jiddisch voor 'bestemming') wordt vaak gebruikt voor iemands goddelijk voorbestemde partner en soul-mate ('*basjerte*' is vrouwelijk, '*basjerter*' mannelijk). Sommige mensen gebruiken het woord voor 'lot' of 'bestemming' bij een belangrijk voorval, een waardevolle vriendschap of gebeurtenis.

Moderne Joodse vrijgezellen zeggen vaak dat ze op zoek zijn naar hun *basjert* – de persoon die hun perfect aanvult, en die zij perfect zullen aanvullen.

Omdat men geloofd dat door God bepaald wordt wie met wie trouwt, ziet men een huwelijkspartner als *basjert*, of het al dan niet een goed huwelijk zal blijken.

Vanwege het feit dat in zowel de Asjkenazische als de Sefardische gemeenschappen veel genetische afwijkingen voorkomen, kunnen jongeren tegenwoordig anoniem getest worden. Wanneer een *sjidoech* wordt voorgesteld kunnen de kandidaten een bepaalde organisatie opbellen, hun pincodes invoeren, en checken of een eventueel huwelijk een verhoogd risico heeft op gehandicapte kinderen. Dankzij deze organisaties is het aantal kinderen dat wordt geboren met de ziekte van Tay-Sachs en andere erfelijke aandoeningen sterk verminderd.

EEN JOODSE BRUILOFT

"Want zoals een jongeman trouwt met een jonge vrouw, zo zullen uw kinderen trouwen met u; zoals een bruidegom zich verblijdt over zijn bruid, zo zal uw God Zich over u verblijden." Jesaja 62:5

Een Joodse bruiloft in Bijbelse tijden

In de oudheid zag men het huwelijk als een zakelijke overeenkomst. Door een onderhandeld verbond werden twee huishoudens, bij voorkeur uit één familie, bijeengebracht en werden goederen en diensten over een bepaalde tijd uitgewisseld. De vader van het gezin bepaalde wie de leeftijd had om te gaan trouwen. Vaak was het de vriend van de bruidegom, een betrouwbare bediende of een andere afgevaardigde die de onderhandelingen met de vader van de bruid startte.

Het huwelijkscontract werd pas opgesteld na een serie onderhandelingen waarin de *mohar* (bruidsprijs) en *zebed* (bruidsschat) overeengekomen moesten worden. De bruidsprijs compenseerde het verlies aan werkcapaciteit van de vrouw aan haar familie compenseren, terwijl een bruidsschat het kapitaal was dat de familie van de bruid investeerde in het huisgezin van haar man. Zo ging het deel van de erfenis dat aan de bruid toebehoorde naar de kinderen die zij en haar man hoopten te krijgen. Een deel van de bruidsschat kon zijn in de vorm van een hoofdband met munten die aan de hoofdbedekking van de vrouw bevestigd werden. (Haar persoonlijke bank).

Mannen trouwden meestal rond hun twintigste jaar; meisjes vaak rond hun vijftiende jaar, soms zelfs jonger.

Tijdens de verlovingsceremonie hief de bruid een beker wijn op met haar rechterhand. (De rechterhand werd gezien als een plaats van kracht.) Door uit de beker te drinken bevestigde ze het verbond.
Een geschreven huwelijkscontract werd opgesteld, waarin stond dat de *chatan** (letterlijk degene die in een verbond treedt, de bruidegom) voor zijn bruid zou zorgen en voorzien in alles wat ze nodig had. Wanneer het contract door twee getuigen getekend was, werd het overhandigd aan de vader van de bruid. Het paar dronk daarna uit de zogenaamde 'gedeelde beker', de beker van de *briet* (het verbond). Met de verzegeling van deze verloving was het paar nu officieel getrouwd.
De vader van de bruid zei dan: *"Vanaf nu zal jij mijn schoonzoon zijn."* (Zie 1 Samuel 18:21).
Nu was de tijd aangebroken dat de bruidegom zijn geschenken binnenbracht voor de bruid en haar familie.
Het huwelijkscontract was zo bindend dat het niet verbroken kon worden zonder een officiële echtscheiding. Vanaf het moment van hun verloving tot hun huwelijksdag was het paar aan elkaar gebonden.

Maar ook al waren ze nu officieel 'getrouwd', mocht het huwelijk pas geconsummeerd worden op hun trouwdag. Vanaf deze dag moest het meisje buitenshuis een sluier dragen, ook als ze haar verloofde ontmoette.

Voor hij terugkeerde naar het huis van zijn vader, beloofde de bruidegom dat hij terugkomen om zijn bruid te halen. Normaal gesproken duurde het een jaar voordat de bruiloft plaatsvond. In deze tijd werkte de bruidegom hard om de bruidskamer te bouwen, en de bruid maakte de uitzet klaar. Ze wist niet precies wanneer haar bruidegom zou komen. Pas wanneer de vader van de bruidegom zei dat de bruidskamer klaar was, gaf hij zijn zoon toestemming om zijn bruid te halen.

Bruiloften vonden meestal plaats in de lente, voor de graanoogst (als het regenseizoen voorbij was), of in de herfst, na het oogsten van het fruit. Soms kwam de bruidegom met zijn vrienden midden in de nacht om de bruid te 'ontvoeren'. Om te laten weten dat ze eraan kwamen (zodat de bruid gereed zou staan), bliezen ze de *sjofar**.

Een bruid werd in het Hebreeuws een *kala** genoemd (dit betekent 'volledig' of 'zij die ingesloten is'). Voor de bruiloft onderging zij een rituele onderdompeling (*mikwa/mikwe**) als symbool dat zij alle voorgaande dingen opzijschoof en inging tot een nieuw leven met haar man. Haar 'metgezellen' vlechten haar haar, en hielpen haar in een felgekleurde jurk.

Daarna werd zij versierd met alle juwelen die ze bezat. Op haar sluier droeg ze een sierlijke hoofdtooi die haar aan een koningin deed denken.

De bruidegom droeg eveneens een diadeem op zijn hoofd. Soms werden bruidegom en bruid als koning en koningin gedragen op een draagkoets.

In de bruidsstoet was de bruid helemaal gesluierd. Ze bleef verborgen tot de eerste huwelijksnacht.

Een ander gebruik was dat de bruidegom de sluier verwijderde, deze op zijn schouder legde en verklaarde: *"Het leiderschap zal op zijn schouder zijn."* Hiermee bedoelde hij dat de bruid was overgegaan van het leiderschap van haar vader naar dat van haar echtgenoot. Verlicht door fakkeldragers en begeleid door tamboerijnen en muzikanten, trok de stoet naar het huis van de bruidegom. De vriendinnen van de bruid zorgden ervoor dat ze genoeg olie in hun lampen hadden om hun vriendin te vergezellen naar het bruiloftsfeest.

Het feest begon zodra het echtpaar was aangekomen bij het huis van de bruidegom. Hij bekrachtigde zijn verbond met haar door zijn mantel over haar te spreiden en haar 'isja' (vrouw) te noemen. Het echtpaar werd gezegend met: *"Zuster van ons, word tot duizenden van tienduizenden en laat jouw nageslacht in bezit krijgen de poort van zijn vijanden."* Genesis 24:60.

Rijke families zorgden ervoor dat de gasten feestgewaden kregen. Het bruiloftsfeest was een tijd van blijdschap, muziek maken, dansen, zingen en raadsels opgeven. De wijn vloeide en er was genoeg te eten.

Onder de ogen van de aanwezige gasten trok het paartje zich vervolgens terug in het bruidsvertrek om hun huwelijk compleet te maken.

Echad (één vlees) worden, wordt ook genoemd *kidoesjiem /kidoesjien* (heiliging of bekrachtiging). De oude naam is *jiechoed** (het 'kennen').

De volgende dag liet de familie van de bruid het bebloede laken aan de gasten zien. Zij waren er getuige van dat het huwelijk geconsummeerd was. Het bewijs van haar maagdelijkheid was de verzekeringspolis van de bruid, want als haar schoonfamilie twijfelde, konden zij weleens weigeren de bruid prijs te betalen.

Een huwelijk werd alleen rechtsgeldig wanneer zowel de bruidsschat als de bruidsprijs tijdens de zeven dagen van het bruiloftsfeest waren betaald. De overdracht moest officieel bijgewoond worden door de dorps- of stadsoudsten en andere bruiloftsgasten.

Het bruidsvertrek waar het echtpaar hun huwelijk voltrok, werd in Talmoedische tijden de *choepa** genoemd. Het wettelijk getrouwde echtpaar bracht eerst een uur samen door in een gewone kamer, nadat de bruid de *choepa* binnenging. Pas als zij daarvoor toestemming had gegeven, kwam de bruidegom bij haar. Joël 2:16 en Psalm 19:6 spreken over het 'bruidsvertrek' en een 'tent'.

In Talmoedische tijden waren zondag en woensdag geschikte trouwdagen, omdat de leden van de rechtbank elkaar ontmoetten op maandag en dinsdag. Elke discussie met betrekking tot de maagdelijkheid van de bruid kon direct na de huwelijksnacht worden besproken.

Sommige gemeenschappen gaven de voorkeur aan trouwerijen op *rosj chodesj** (behalve wanneer het samenviel met *Sjabbat* of andere verboden dagen). De wassende maan werd beschouwd als een symbool van groei en vruchtbaarheid. Omdat reizen, werken en het maken van een nieuwe overeenkomst op *Sjabbat* niet werd toegestaan, konden trouwerijen ook niet op die dag plaatsvinden.

Sjabbat was altijd een vreugdevolle dag en elke gelegenheid voor vreugde en feest werd individueel beleefd en niet gecombineerd. Twee leden van dezelfde familie zouden er daarom zelfs niet aan denken om op dezelfde dag te trouwen.

Een hedendaagse Joodse bruiloft

Jom sjliesjie, de derde dag van de week (dinsdag) blijft een favoriete dag voor een bruiloft, omdat Genesis 1:10-12 twee keer zegt *"..en God zag dat het goed was".*

Rond de 16e eeuw werden de twee gebeurtenissen, verloving en huwelijk, in één ceremonie samengevoegd.
Tegenwoordig heeft een Joodse bruiloft twee verschillende stadia; *kidoesjiem* (heiliging en toewijding), die zowel *eroesien** (verloving) als *nissoeïn** (huwelijk) inhouden.
Hoewel vroeger een jaar tussen deze twee gebeurtenissen kon zitten, vinden we tegenwoordig vaak op dezelfde dag plaats. Huwelijksgebruiken en tradities kunnen variëren onder Sefardische en Asjkenazische Joden, maar ook van stroming tot stroming.
De *chatan** (bruidegom) en *kala** (bruid) worden gezien als een koning en koningin en dienen daarom behandeld te worden met groot eerbetoon en zwier, zowel voorafgaand aan, als tijdens de bruiloft en in de week na hun eenwording.

Een recent gebruik is de *Sjabbat kala* die plaatsvindt op de *Sjabbat* voor het huwelijk. Vriendinnen prijzen de bruid, maken haar blij, laten haar lachen en helpen haar de laatste zenuwen te overwinnen.

De *mikva/mikve** (ritueel bad) is een essentieel onderdeel van de Joodse reinigingswetten. Tijdens de verlovingsperiode bestudeert het echtpaar deze wetten meestal met een leraar. Om zichzelf geestelijk te reinigen, dompelt een bruid zichzelf onder in de *mikve* tijdens een

van de laatste vier dagen voor haar huwelijk. Meestal bezoekt de bruidegom het rituele bad om dezelfde reden.
Bruid en bruidegom mogen elkaar niet zien in de week voor het huwelijk. Men gelooft dat hiermee de vreugde zal toenemen als ze elkaar weer zien op hun huwelijksdag.

Een *sjomer/sjomeret** (letterlijk: bewaker) is de ceremoniemeester van de bruid en de bruidegom (vergelijkbaar met de vriend van de bruidegom en de beste vriendin van de bruid.) Zij zijn de tussenpersonen voor het echtpaar in de week dat ze elkaar niet mogen zien.
Op de trouwdag zorgen zij ervoor dat bruid en bruidegom zo rustig mogelijk en zonder stress arriveren.

Omdat het paar op het punt staat samen een nieuw leven te beginnen wordt het huwelijk beschouwd als een persoonlijke *Jom Kippoer* voor de bruid en bruidegom. Orthodoxe Joden voegen zelfs de Jom Kippoer belijdenis toe aan hun persoonlijke middaggebeden. Velen vasten dan ook op hun trouwdag, tenzij ze zich niet goed voelen of aan een ziekte lijden.

*Tenaïm** zijn verlovingsdocumenten, vergelijkbaar met een verlovingscontract, overeengekomen met en ondertekend door twee vertegenwoordigers, één van de bruidegom en één van de bruid. Omdat het verbreken van een verloving wordt beschouwd als een ernstige schending van de eer, zorgen de meeste paren ervoor dat de *tenaïm* vlak voor de bruiloft wordt ondertekend.

*Kabbalat paniem** (letterlijk groeten van gezichten) is de openingsreceptie van de trouwerij. Omringd door haar vriendinnen en vrouwelijk familieleden begroet de bruid, die op een soort troon zit, de vrouwelijke gasten. In haar rol als koningin voor een dag, zegent ze haar vriendinnen.

Mannelijke gasten komen de bruidegom groeten aan zijn *tiesj* (Jiddisch: tafel). Soms brengen ze een toast uit ter ere van hem. Tijdens deze receptie wordt de *tenaïm* afgerond en door twee getuigen ondertekend.

Na het hardop voorlezen van de tenaïm vindt de 'bord-breek' ceremonie plaats. Door samen een aardenwerk bord te breken, symboliseren de moeder van de bruid en bruidegom de ernst van de verbintenis tussen hun families; een bord breken is definitief. Zo ook deze verloving.

Nu ze wettelijk verloofd zijn, kan het paar contractueel trouwen. Twee getuigen tekenen de *ketoeba.* Deze beschrijft de verplichting die de man ten opzichte van zijn vrouw heeft: hij moet haar onderhouden, haar eren en koesteren. Maar ook hoe de man geacht wordt zijn vrouw te steunen in hun gezamenlijke leven en, God verhoede, in geval van overlijden of scheiden. Deze juridisch bindende overeenkomst wordt vaak geschreven als een versierd manuscript. Bij veel mensen hangt dit ingelijst aan een wand in hun huiskamer.
Volgens de Orthodox-Joodse wet wordt een *ketoeba* als bindend beschouwd zodra het door twee getuigen ondertekend is. De handtekening van de bruid, bruidegom en ambtenaar zijn een moderne toevoeging aan de ketoeba, maar niet nodig om het bindend te maken.
Vroeger moest de bruidegom het Aramese document hardop voorlezen. Dit werd dan door twee mannen, die geen familie van de bruid of bruidegom waren getekend. Zij bevestigden hiermee de verbale toestemming van de bruidegom op het contract van de *ketoeba.*

Het gebruik van de bruid om een sluier te dragen dateert uit de tijd van de Bijbelse matriarch Rebekka, die zich sluierde toen ze haar toekomstige echtgenoot, Izaäk zag. (Genesis 24:65). *Bedecken* (Jiddisch: bedekking) is het sluieren van de bruid door de bruidegom. Met veel tamtam, dansen en zingen begeleiden de gasten de bruidegom naar de bruid. Hij kijkt haar heel goed aan, om er zeker van te zijn dat het de juiste vrouw is, opdat hij niet bedrogen zal worden zoals Jakob, toen Lea en Rachel werden verwisseld. De bruidegom bedekt nu het gezicht van zijn bruid met haar sluier, waarna de vader van de bruid een zegen over zijn dochter uitspreekt.

Omgeven door zijn enthousiaste vrienden, wordt de bruidegom uit de zaal geleid om zich voor te bereiden op de *choepa.*

Vroeger was de *choepa* het bruidsvertrek of een tent. Na verloop van tijd verloor het zijn oorspronkelijke doel en werd vervangen door verschillende andere gebruiken.
De trouwceremonie werd uitgevoerd onder een baldakijn, die nu *choepa* genoemd werd. De toetreding van de bruid onder de baldakijn (die op een kamer leek) werd gezien als een symbool van de voltrekking van het huwelijk. Tegenwoordig is de *choepa* (letterlijk bedekking) een luifel waaronder een bruid en bruidegom staan tijdens hun huwelijksceremonie. Het bestaat uit een kleed of laken (soms talliet), gespannen of vastgebonden aan vier palen. Een *choepa* symboliseert het huis dat het echtpaar samen zal bouwen. Dit 'huis', waar het meubilair nog ontbreekt, dient als een herinnering dat de basis van een Joods huis de mensen zijn die erin wonen, en niet de bezittingen. In geestelijke zin vertegenwoordigt de bedekking van de *choepa* de aanwezigheid van God over het huwelijksverbond. Het ontbreken van muren moedigt het echtpaar aan om de wegen van Abraham en Sara te volgen, wiens tent altijd open was voor gasten.

De bruidegom treedt de *choepa* als eerste binnen, om het eigendom van zijn huis ten behoeve van het echtpaar te vertegenwoordigen. Als de bruid daarna de *choepa* binnentreedt is het alsof de bruidegom haar voorziet van onderdak of kleding; hij toont openbaar zijn nieuwe verantwoordelijkheden naar haar toe.

In veel gemeenschappen wordt de bruidegom onder de *choepa* geleid door de twee vaders en de bruid door de twee moeders, bekend als 'unterfierers'. De bruidegom wordt welkom geheten met het lied 'Baruch haba' (gezegend is hij die komt). Een Asjkenazische bruidegom draagt meestal een eenvoudige wit mantel, een zogenaamde *kittel**. Zowel bruid als bruidegom zijn in het wit gekleed, symbool voor zuiverheid, maar hierdoor lijken ze ook op engelen. Als de bruid haar bruidegom ontmoet draait ze drie of zeven keer om haar toekomstige echtgenoot heen. Dit komt uit Jeremia 31:22: 'Een vrouw zal een man omvatten'...

De drie rondjes vertegenwoordigen de drie deugden van het huwelijk: gerechtigheid, rechtvaardigheid en genade (zie Hosea 2:21). Zeven is het getal van perfectie of volledigheid. Het symboliseert ook de zeven dagen van de schepping en het feit dat het echtpaar op het punt staat samen hun eigen 'nieuwe wereld' te creëren. Zeven keer staat in de Tora geschreven: *"...en wanneer een man een vrouw neemt".* Jozua liep zeven keer om de stad Jericho heen. Als twee mensen gaan trouwen kunnen er 'muren' tussen hen in staan die moeten vallen.

Na de zevende rondgang komt de bruid rechts van de bruidegom te staan. De huwelijksceremonie begint met een *kidoesj** (zegen over de wijn). De rabbijn spreekt een zegen uit over een beker wijn en een tweede zegen van heiliging over het huwelijk. Bruid en de bruidegom drinken daarna uit de beker.

Terwijl hij een gouden ring om de rechterwijsvinger van de bruid schuift (de vinger die het beste zichtbaar is voor de getuigen), verklaart de bruidegom: *"Met deze ring wijd je je aan mij toe volgens de wetten van Mozes en Israël."* De ring bekrachtigd het huwelijkscontract en heiligt die. Joodse trouwringen moeten gemaakt zijn van één stuk massief goud, zilver of wit goud, zonder edelstenen of gaatjes die de cirkel doorbreken. De continuïteit van de ring staat voor de hoop op een eeuwigdurend huwelijk.

Soms geeft de bruid ook een ring aan de bruidegom, terwijl zij citeert uit Hooglied: *"Anie ledodie ve dodie lie."* (Ik ben mijn van mijn geliefde en mijn geliefde is van mij), wat ook in de ring gegraveerd kan worden. Om conflicten met de Joodse wet te vermijden, wordt de ring soms buiten de *choepa* gegeven. De zegeningen over de wijn en het huwelijk en het geven van de ring maakt de verlovingsceremonie compleet.

Om onderscheid te maken tussen de verlovings - en huwelijksceremonie wordt de *ketoeba* hardop voorgelezen, waarna de bruidegom het document aan de bruid overhandigt.
Nu zij officieel man en vrouw zijn, begint de tweede helft van de ceremonie – de *nissoeïn*.

Een tweede beker wijn wordt ingeschonken en de *sjeva brachot** (zeven zegeningen) gereciteerd. Deze speciale zegeningen worden uitgesproken onder de *choepa* en aan het einde van het feestmaal na de ceremonie. Het is een grote eer om gevraagd te worden om een van de zeven zegeningen uit te spreken.

- De eerste zegen, uitgesproken over een beker wijn, is een teken van vreugde.
- In de tweede zegen wordt God gedankt voor de schepping van de wereld en de bruiloftsgasten geëerd.
- De derde en de vierde zegen erkent Gods fysieke en spirituele schepping van de mensheid.
- De vijfde zegen is een gebed voor het herstel van Jeruzalem en de herbouw van de heilige tempel.
- In de zesde zegen wordt de hoop uitgesproken dat de bruid en de bruidegom zullen groeien in hun liefde voor elkaar.
- De zevende zegen is het gebed dat de Messias zal komen om het Joodse volk te redden uit de ballingschap, zodat vrede en rust zullen regeren over de wereld.

De bruid en de bruidegom drinken daarna uit de tweede beker wijn, nadat de bruidegom

een glas kapottrapt met zijn voet. Alle gasten roepen dan 'Mazal tov! - gefeliciteerd! Sommige mensen zien het breken van het glas als een symbolische herinnering van de verwoesting van de tempel in Jeruzalem; anderen interpreteren het als een symbool van de broosheid van een relatie. Tijdens dit gedeelte van de ceremonie wordt: *"Als ik u vergeet, o Jeruzalem...."* (Psalm 137:5) vaak uitgesproken of gezongen.

De bruid en bruidegom, nu man en vrouw, worden begeleid naar een privékamer (*jichoed**) waar ze zo'n tien tot twintig minuten ongestoord samen kunnen zijn. En dan is het tijd voor het diner, de muziek en het dansen.

Op orthodoxe bruiloften wordt het als een *mitswa* gezien om bruid en bruidegom te vermaken. Vrienden van de bruidegom doen sketches en dragen grappige kostuums om het echtpaar te vermaken. Dit wordt *simchat chatan vekala* genoemd. Tijdens dit 'vrolijk maken van de bruidegom en bruid' dansen de gasten om haar heen, met simpele attributen zoals borden, spandoeken, kostuums, confetti en ook springtouwen, gemaakt van tafelservetten. In aparte ruimten (of een zaal gescheiden door een gordijn) vermaken mannelijke en vrouwelijke bruiloftsgasten

zich met '*Simcha* dansen'. Terwijl ze '*Hava Nagilla*' zingen, dansen de gasten de *Hora*, een bekende welbekende rondedans.
Het hoogtepunt van de bruiloft is als familieleden en toonaangevende rabbijnen worden uitgenodigd voor de *mitsva tantz*.

De *birkat hamazon* (zegen na de maaltijd, *bensjen* in het Jiddisch) wordt gereciteerd aan het einde van het feestmaal om God te danken voor het eten. In een tweede recitatie worden de zegeningen van de *sjeva brachot* (zeven zegeningen) herhaald, die gesproken werden onder de *choepa*.

Een formele *birkat hamazon* heeft twee bekers wijn. De eerste beker wordt vastgehouden door degene die de gebeden leidt. De tweede beker gaat rond onder hen die de eer hebben om zes van de zeven zegeningen uit te spreken. De laatste zegen is over de wijn.
Dan worden de twee glazen wijn samen in een derde glas geschonken, de schepping symboliserend van een gezamenlijk nieuw leven, dat door de bruid en bruidegom gedronken wordt.

MITSWA TANTZ

Uittreksel van een artikel uit 'Joods maga-
zine', geschreven door Varda Branfman.

Voor deze speciale gebeurtenis mag
de bruid en een paar vrouwen, meestal familieleden en een paar belangrijke *rebbetzins* (echtgenoten van rabbijnen), naar het mannengedeelte
komen. Soms wordt de *mechietsa*
opzijgeschoven. De vrouwen zitten
dan tegenover de mannen die aan de
andere kant van de zaal zitten.

e. pasikov

Deze bruiloftsdans is volkomen uniek. De (meestal gesluierde) bruid staat als een stralende
witte droom tussen de vrouwelijke bruiloftsgasten. Ze houdt één eind van een *gartel** vast, terwijl het andere eind wordt vastgehouden door de man die met haar gaat dansen. De volgorde
van de dansers is veelzeggend: de ooms en broers, de schoonvader, die de dans weggeeft aan
haar vader, die op zijn beurt als laatste de dans aan de bruidegom geeft - de andere helft van
haar ziel.

De *mitswa tanz* is een dans van de *Sjekina* en het Joodse volk dat thuisgekomen is. Bruiloftsgasten genieten ervan om naar te kijken omdat hun eigen zielen dansen. Samen één, ervaren ze de
diepe dankbaarheid van het thuiskomen van bruid en bruidegom. De *mitswa tanz* is als een
woordeloos antwoord. Het beweegt zonder nauwelijks te bewegen. Het verheft zich met het
zachte tikken van de voeten. Het spreekt van de vlucht van zielen, de vogel stijgt op, dan naar
beneden, de aarde en de hemel. Het is een dans van één, geen twee – een dans van Eén.

In de week na de
bruiloft is het voor
vrienden en familie-
leden gebruikelijk
om feestelijke maal-
tijden te organise-
ren ter ere van het
nieuwe paar. Dit
wordt de week van *sjeva brachot* genoemd
omdat de zeven zegeningen herhaald worden
nadat de dankgebeden na de maaltijd zijn uitgesproken.

Op de *Sjabbat* na de bruiloft is het gebruikelijk
voor de bruidegom om uitgenodigd te worden
voor een *aufruf** en de zegen over de Tora uit
te spreken. Onder het zingen van *"Siman tov
oemazal tov"* wordt de bruidegom bekogeld

met snoep; een leuke manier om hem een zoet
nieuw leven toe te wensen. Deze gewoonte is
gebaseerd op een Talmoedische bron die
schrijft dat koning Salomo een speciale poort
bouwde waar bruidegoms *Sjabbat* onderdoor
liepen en door familie en vrienden begroet en
gezegend werden. Na de verwoesting van de
Tweede Tempel nam de synagoge dit gebruik
over.

Het is gebruikelijk voor bruiloftsgasten om een
envelop met geld mee te nemen om aan de
kosten van het diner en de huur van de trouw-
zaal mee te betalen. Helaas is het geluid van de
muziek vaak zo hard dat je geen normaal gesprek kunt voeren. Niettemin is het een onver-
getelijke ervaring om uitgenodigd te worden
voor een religieuze trouwerij.

HOOFDSTUK 30

VERJAARDAG
BRIET MILA EN *PIDIJON HABEN*

De enige verjaardag die in de Bijbel genoemd wordt is die van de farao (Genesis 40:20). In de *Misjna* vinden we verwijzingen naar verjaardagsfeesten van heidense heersers, maar dit boek zwijgt over de vieringen onder Joden. Vroeger zag men een verjaardag als een onprettige herinnering dat het leven haar einde naderde – het was een dag van zelfreflectie en bekering in plaats van een feestdag.

Volgens de joodse geleerden is iemands 'mazal' dominant op zijn verjaardag. De Talmoed legt uit dat het wonder van Poerim grotendeels te danken was aan het feit dat Mozes in de maand *adar* jarig was. *Rosj Hasjana* wordt beschouwd als Adams verjaardag, terwijl *Pesach* de collectieve verjaardag van de Joodse Natie is (zie Ezechiël 16).

Tegenwoordig is een Joodse verjaardag een dag om God te bedanken voor het leven in deze wereld. Iedere persoon heeft de missie deze wereld te verlichten met het schijnsel van de Tora en de *mitswot*. Als in een persoonlijke Rosj Hasjana wordt van de jarige verwacht de verworven levenservaring te gebruiken om volgend jaar nóg productiever en meer vrucht te dragen.

Hoewel dit gebruik van niet-Joden gekopieerd is, vieren veel Israëli's hun verjaardagen. De verjaardagstaart heeft altijd een extra kaarsje – een voor het nieuwe jaar.
Een gebruikelijke verjaardag zegen is: *"Dat je maar 120 jaar mag worden"* – want op die leeftijd stierf Mozes (zie Deuteronomium 34:7).

Psalm 90:10 impliceert dat het goed is als iemand de leeftijd van 70 of 80 jaar bereikt heeft hiervoor speciale dank aan God te geven, omdat Hij hem gespaard heeft.

Volgens de ethiek van de vaderen, is:
"de leeftijd van vijf voor Bijbelstudie;
dan tien voor het studeren van de Misjna;
13 voor de geboden;
15 voor Talmoedstudie;
18 voor huwelijk;
20 voor inkomensverwerving;
30 voor macht;
40 voor inzicht;
50 voor goede adviezen;
60 voor hoge leeftijd, 70 voor grijs haar;
80 voor kracht;
90 voor een gebogen rug;
100 – alsof hij dood- en heengegaan is."

BRIET MILA – BESNIJDENIS

"Dit is Mijn verbond dat u moet houden tussen Mij en u en uw nageslacht na u: al wie mannelijk is bij u moet besneden worden. U moet het vlees van uw voorhuid laten besnijden en dat zal een teken zijn van het verbond tussen Mij en u. Elk kind bij u van acht dagen oud, al wie mannelijk is, moet besneden worden, al uw generaties door: degene die in uw huis geboren is én degene die van enige vreemdeling voor geld gekocht is, die niet tot uw nageslacht behoort. Degene die in uw huis geboren is én degene die met uw geld gekocht is, moeten zeker besneden worden. Zo zal Mijn verbond in uw vlees tot een eeuwig verbond zijn. Maar hij die mannelijk en onbesneden is, van wie het vlees van zijn voorhuid niet besneden wordt, die persoon moet van zijn volksgenoten worden afgesneden; hij heeft Mijn verbond verbroken."
Genesis 17:10-14.

Besnijdenis in Bijbelse tijden

Kinderen, en zeker jongens, werden (en worden) gezien als een zegen van de Heer. Dochters verlieten de familie wanneer zij trouwden, maar zonen bleven. Zij waren de ouderdomsverzekering van hun ouders.

In oudtestamentische tijden werd een kind, ongeacht het geslacht, een naam gegeven op de dag van geboorte. In nieuwtestamentische tijden ontving een zoon zijn naam bij zijn besnijdenis.

Het verwijderen van de mannelijke voorhuid door besnijdenis werd een standaardpraktijk toen de Israëlieten zich vestigden in Kanaän. Met een vuurstenen mes besneed de vader zijn zoon op de achtste dag (Leviticus 12:3). Dit was een fysiek teken van het verbond tussen God en Israël (Genesis 17:10-14). Alleen zij die besneden waren werden geaccepteerd in de gemeenschap van diegenen die afgescheiden was van de heidense buren. Geen onbesneden vreemdeling kon deelnemen aan het Pesachmaal. Hoofden van huishoudens besneden ook hun slaven, of ze nu autochtoon of allochtoon waren.

Briet mila vandaag

Na de geboorte van een kind is het voor de vader een eer om in de synagoge *alija** te maken. De gemeenschap spreekt een zegen uit voor de gezondheid van moeder en kind. Een meisje ontvangt haar naam bij deze *alija*, maar een jongetje moet daarop wachten tot zijn *briet mila.*

De briet mila (letterlijk 'verbond van besnijdenis') is wereldwijd waarschijnlijk het meest gehoorzaamde gebod van het judaïsme. Ook wel *bries* (Jiddisch voor 'verbond') of briet genoemd. In Israël houden zelfs de seculiere Joden deze wet. Het gebod tot besnijdenis werd gegeven in Genesis 17:10-14 en Leviticus 12:3.

Dit verbond, het eerste gebod dat specifiek aan de Joden toebehoort, werd in eerste instantie met Abraham gesloten. De briet mila bij het achtdagenoude jongetje wordt uitgevoerd door een *moheel**.

Wetenschappers hebben bewezen dat een baby's bloedstollingsmechanisme op de achtste dag na de geboorte gestabiliseerd is. Hoewel het bij sommige culturen gebruikelijk is bij vrouwen de clitoris (geheel of deels) te verwijderen – foutief 'vrouwenbesnijdenis' genoemd – is dit ritueel nooit deel geweest van het judaïsme. Meestal wordt de briet mila in de synagoge uitgevoerd, maar het kan ook op een andere locatie. De *briet mila* wordt traditioneel in de ochtend gedaan, maar het kan op elk moment van de dag, (behalve als de zon is ondergegaan), zelfs op *Sjabbat*. Als een baby vroeggeboren is, of wanneer het ernstige medische problemen heeft, wordt de briet mila uitgesteld tot het moment waarop de dokter en moheel het kind sterk genoeg achten.

Een *moheel* is een vrome Jood die, naast de hiertoe relevante Joodse wet, ook is opgeleid in chirurgische technieken. Besnijdenis door een chirurg wordt niet erkend als geldige *briet mila*, ook al spreekt een rabbijn er zijn zegen over uit. Het verwijderen van de voorhuid is een religieus ritueel dat uitgevoerd moet worden door iemand die daarvoor religieus gekwalificeerd is.

De persoon die de baby van de moeder naar de vader brengt wordt een *kwatter* of (vrouwelijk) *kwatterin* genoemd.

Deze eer, meestal gegeven aan een kinderloos echtpaar, wordt gezien als *segoela** (brengt geluk) en in de hoop dat zij zelf ook kinderen mogen krijgen. Het zou ook kunnen dat de term is afgeleid van '*gewatter*', een ouderwets Duits woord voor peetvader, of van een Jiddische samenvoeging van de woorden '*kavod*' (eer) en '*tor*' (deur). Met andere woorden: "De persoon die geëerd wordt door het brengen van de baby." De vader draagt de baby vervolgens naar de *sandak** (peetvader), die de eer heeft de baby vast te houden tijdens de besnijdenis.

De *sandak*, gewoonlijk de opa of de rabbijn van de familie, zit op een versierde stoel. Deze speciale stoel wordt traditioneel klaargezet voor Elia, die volgens zeggen voorgaat in alle besnijdenissen. Verscheidene zegeningen worden gereciteerd (inclusief die over de wijn), en een druppel wijn wordt in de mond van de baby gebracht.

Nu is het tijd om het kind zijn formele Hebreeuwse naam te geven. Deze namen worden hoofdzakelijk gebruikt in de *ketoeba** (het huwelijkscontract) en in Joodse rituelen, bijvoorbeeld om iemand naar de Tora te roepen voor een *alija**. Een standaard Hebreeuwse naamvorm is bijvoorbeeld Mosje ben Josef (Mozes, zoon van Jozef). En meisje kan bijvoorbeeld de naam Rivka bat Josef krijgen (Rebecca, dochter van Jozef). Als het kind een Kohen is (van de priesterlijke familielijn) voegen ze er '*hakoheen*' aan toe. Als het kind tot de stam Levi behoort wordt '*halevi*' toegevoegd. Onder Asjkenazim is het gebruikelijk een kind te vernoemen naar een recent overleden familielid. Dit wordt gedaan om de dode te eren, en omdat zij geloven dat het ongeluk brengt een kind naar een levend familielid te vernoemen. Sefardische Joden noemen hun kinderen doorgaans niet naar een ouder of levend familielid.

Na de ceremonie vindt een *seoedat mitswa* (ceremoniële maaltijd) plaats.
Volgend op de *birkat hamazon* (zegen na de maaltijd) worden er gebeden uitgesproken, om God te vragen de ouders, de *sandak* en de moheel te zegenen. Ze vragen God eveneens de Messias en Elia de profeet (bekend als 'de rechtvaardige *Koheen*') te zenden.
Hun komst zal Gods verbond van het herstel van de troon van David vervullen.

Pidijon haben
Lossing van de eerstgeborene

In Bijbelse tijden
Volgens de joodse wet moest een eerstgeborene worden vrijgekocht als hij 30 dagen oud was. Wanneer de dagen van de moeders reiniging voorbij waren, namen de ouders het kind mee naar de tempel. Door de priesters vijf zilveren sjekel te geven werd het kind 'vrijgekocht' (zie Numeri 3:47-48). Later werd het bedrag een religieuze belasting.

Gebruik in deze tijd
De meeste ultraorthodoxe en vele religieuze Joden houden nog steeds het ritueel van *pidijon haben*. Het gebruik, beschreven in Numeri 18:15-16, geld alleen voor jongetjes die op natuurlijke wijze geboren zijn. Als de eerste zwangerschap eindigt na meer dan 40 dagen, hoeft de volgende zoon niet vrijgekocht te worden. Ook geldt de vrijkopingswet niet voor leden van de stam Levi, of kinderen geboren uit een dochter van de stam Levi.
Hoewel een *briet mila* mag plaatsvinden op de Sjabbat, mag van *pidijon haben* niet, omdat er uitwisseling van geld plaatsvindt.

In de traditionele ceremonie, die plaatsvindt voor een *minjan**, brengt de vader het kind naar de *kohen*.

WIMPEL CEREMONIE

De *wimpel** (Jiddisj/Duits voor 'lap' – overgenomen van oud Duits *'bewimpfen'*, wat 'overdekken' of 'verbergen' betekent) is een lange, linnen sjerp die Duitse Joden gebruikten als omhulsel voor de *Sefer Tora.* Het werd gemaakt van de lap waarin de baby gewikkeld lag tijdens zijn *briet mila.* Dit gebruik verenigde de Joodse gemeenschap met ieders individuele levenscyclus.

Soms wordt de baby gepresenteerd op een zilver dienblad, omgeven door juwelen die de vrouwelijke gasten maar al te graag uitlenen voor de gelegenheid. Door een tekst te reciteren of rituele vragen te beantwoorden, bevestigt de vader dat deze baby de Israëlitische moeders eerstgeboren zoon is, en dat hij is gekomen om hem vrij te kopen, zoals geboden in de Tora.

In de middeleeuwen werden de meeste Torarollen in een *mapa** (lap) gewikkeld. Het werd gezien als een *mitswa* en een eer om zo'n *mapa* aan de gemeenschap te doneren. Vaak deed een bruidegom dat op de avond van zijn bruiloft. Omdat de meeste van die omhullingen van oude kleren gemaakt waren, werd dit gebruik door sommige rabbijnen niet goedgekeurd – zij vonden dit respectloos tegenover de Tora.

De *kohen* (van de priesterlijke lijn van Aharon) vraagt aan de vader wat hij liever heeft: het kind of de vijf zilveren *sjekel* die hij moet betalen. Na zijn antwoord: "Ik hou liever het kind dan het geld," citeert de vader een zegen en overhandigt hij vijf zilveren munten (of een gelijke hoeveelheid aan puur zilver) aan de *kohen.* Alleen een rabbijn die ook een *kohen* is kan deze lossing geldig verklaren. Terwijl hij de munten boven de baby houdt, verklaart de *kohen* dat de losprijs ontvangen is, en geaccepteerd is in plaats van het eerstgeboren kind. Dan zegent hij de baby en geeft hem aan zijn familie terug.

Deze speciale gebeurtenis wordt gevolgd door een feestelijke maaltijd. Soms krijgen gasten teentjes knoflook en suikerklontjes mee naar huis. Sommigen geloven dat het eten van knoflook of suiker de *mitswa** van deelneming aan deze ceremonie zullen verlengen.

Gedurende de middeleeuwen was het gebruikelijk om de benen van de baby na zijn besnijdenis te omwikkelen om te voorkomen dat hij door het bewegen het verband van zijn plaats zou stoten. Op een dag vergat de *moheel* de lap voor de baby's beentjes mee te brengen. In de veronderstelling dat dit een levensbedreigende situatie was, gaf de rabbijn de *moheel* toestemming een overtollige *mapa* van een van de Torarollen te gebruiken. De ouders van de baby werden gevraagd de lap te wassen alvorens die terug te brengen naar de synagoge.

Een andere versie is dat de *moheel* een lange strook witte stof (de *wimpel*) plaatste onder het kussen waarop de baby tijdens zijn besnijdenis lag. Na de ceremonie werd de wimpel beschilderd of geborduurd.

Het kreeg de naam en de geboortedatum van de jongen erop, naast de Hebreeuwse zegening: *"Zoals hij [het verbond van] de besnijdenis is ingegaan, zo moet hij ook [ingaan tot het verbond van] Tora, huwelijk en goede daden."*
Sommige moeders maakten zelf het kunstwerk, anderen gebruikten liever de diensten van 'wimpelprofessionals'.

Omdat zowel de Tora als de besnijdenis verband houden met de verbonden die het Joodse volk met God heeft, wordt de lap die gebruikt is bij een besnijdenis 'heilig' beschouwd. Daarom werd het gebruikelijk om deze wimpels als *mapot* aan de synagoge te doneren.

Foto: Mercy Gaynoor

Tegenwoordig hebben veel synagogen nog steeds een 'wimpel*ceremonie*' als een jongetje drie jaar oud wordt (en hij zindelijk geacht is). Dit is ook de leeftijd waarop een religieus jongetje begint met het leren van de Tora.

Op *sjabbat* morgen worden vader en zoon opgeroepen na de eerste lezing van de Tora. Geholpen door zijn vader bindt het kind de wimpel een aantal keer om de Torarol heen en stopt dan het uiteinde ertussen. Op symbolische wijze bindt het kind zijn individuele verantwoordelijkheden tegenover God en Zijn geboden om zijn gemeenschapsverantwoordelijkheden heen.

Na de dienst wordt iedereen uitgenodigd voor een *kidoesj** en een feestje met de familie. De blijde gelegenheid is bedoeld om in het kind liefde en enthousiasme voor de *sjoel* en judaïsme te planten.

In Duitsland wordt een Joods jongentje naar de synagoge meegenomen zodra hij uit de luiers is. Wanneer de mannen de Tora onder de *ezrat nasjiem** (de plaats waar de vrouwen zitten in de synagoge, meestal het balkon) dragen, gooit de moeder de wimpel bovenop de Tora. Deze handeling symboliseert dat het kind nu 'puur' is, en dat hij in staat is deel te nemen aan de dienst en Tora te leren.

Vaak ontvangen synagogen meer wimpels dan dat ze Torarollen hebben. Deze worden dan opgeslagen in een lade in de ark*.
Het is gebruikelijk de wimpel van een jongen op de Tora te plaatsen gedurende een *aufruf*, zijn *bar mitswa* of andere belangrijke familiegebeurtenissen. Sommige wimpels worden zelfs gebruikt als decoratieve banier in de *choepa* van een bruidegom.

Wereldwijd blijft de vrolijke 'wimpelceremonie' een geïntegreerd onderdeel van de Joodse levenscyclusevenementen.

Een *wimpel* wordt gemaakt uit de *briet-mila-luier*. Wanneer deze gewassen is, wordt de lap in stroken geknipt tot een sjerp van tussen de 15 en 20 cm breed, tussen de drie tot vier meter lang. Zowel oude als moderne wimpels worden versierd met kleurrijke afbeeldingen van dieren, vogels, sterrenbeelden en van gebeurtenissen zoals een bruidspaar onder de *choepa* en de *Sefer Tora*.

HOOFDSTUK 31

Bar Mitswa & Bat Mitswa

Bar en bat mitswa's zijn Joodse coming-of-age-rituelen. '*Bar*' (Aramees) of '*Ben*' (Hebreeuws) betekent 'zoon'. '*Bat*' betekent 'dochter'. Een *mitswa* is een gebod en een wet. Op 13-jarige leeftijd, wordt een jongen volgens de joodse wet verantwoordelijk voor zijn eigen daden. Dan wordt hij dus een *bar mitswa* (meervoud: *bnee mitswa*). Bij meisjes gebeurt dit op 12-jarige leeftijd. Deze leeftijden werden geselecteerd omdat ze ongeveer samenvallen met de pubertijd. In het verre verleden werd pubertijd gedefinieerd door de verschijning van schaamhaar (*siemaniem*, 'tekenen'). Bij meisjes begint de pubertijd eerder dan bij jongens.

Onderzoekers denken dat de ceremoniale traditie van de bar mitswa op 13-jarige leeftijd zich in de middeleeuwen ontwikkelde.
Volgens Rabbi Eleazar: *"Tot het dertiende jaar is het de vaders plicht om zijn zoon te trainen; hierna moet hij zeggen: 'Gezegend Hij die de verantwoordelijkheid [de straf] voor deze jongen van mij heeft weggenomen!'"*

Jongemannen die de *bar-mitswa*-leeftijd hebben bereikt kunnen bij een *minjan** worden gerekend. Ook mogen zij het gebed en andere religieuze diensten in de familie en de gemeenschap leiden.
Tegenwoordig eisen veel synagogen dat *bar-mitswa*-kinderen eerst een minimumaantal *sjabbat*-gebedsdiensten in de synagoge bijwonen, werken voor een goed doel of actief zijn in een gemeenschapsproject.

Op de eerste *Sjabbat* van zijn dertiende levensjaar wordt een Joodse jongen opgeroepen de wekelijkse portie van de Wet (de vijf boeken van Mozes) voor te lezen.

MEISJE
Tussen de leeftijd van 3 tot 12: een *ketana* genoemd (minderjarige)
Van 12 tot 12½: een *naära* genoemd (jonge vrouw)
Na 12½ wordt zij een *bogeret* (volwassene)

JONGEN
Tussen de leeftijd van 3-13 + 1 dag: *katan* (minderjarige)
13 + 2 dagen: wordt een *gadol* (volwassene)

In niet-orthodoxe synagogen kunnen meisjes ook opge-roepen worden.

Bnee mitswa festiviteiten bestaan doorgaans uit een feestelijke maaltijd met familie, vrienden en leden van de gemeenschap. Sommige mensen nemen hun kind mee op een speciaal reisje, of organiseren een speciaal evenement ter ere van de gelukkige.

Tegenwoordig vieren de meeste niet-orthodoxen een *bat mitswa* op dezelfde wijze als een *bar mitswa*. De plechtigheid wordt gevierd in stijl, met een feestelijke  maaltijd en met vele gasten. Het *bat-mitswa*-meisje houdt een speech, krijgt cadeaus en een zegen van de leraar of rabbijn.

Traditionele *bar/bat mitswa* geschenken zijn religieuze artikelen en boeken van religieuze of educatieve waarde.

חי Tegenwoordig zijn ook geldelijke giften in veelvouden van 18 gebruikelijk. (De numerieke waarde van het Hebreeuwse woord voor 'leven' (*chai*) is 18).

Vaak ontvangt de bar mitswa zijn eerste *talliet** (gebedskleed) van zijn ouders voor deze gelegenheid.

Orthodoxe families kopen *tefilien** voor hun zoons. Sieraden zijn gebruikelijke cadeaus voor *bat-mitswa*-meisjes. Omdat het voor vrouwen een plicht en een eer is om *sjabbat*kaarsen aan te steken, krijgt een religieus *bat-mitswa*-meisje normaalgesproken een set kandelaars cadeau.

Meer dan 40 % van de Joodse families in Israël, naast een groot deel in de Diaspora, viert de *bar mitswa* van hun zoons liever bij de *Kotel* in Jeruzalem (de Westelijke Muur).

Deze vieringen worden meestal gehouden op maandag- en donderdagmorgen, en je kunt ze bekijken vanaf de Western Wall Plaza.

Bar mitswa's worden zelden op *Sjabbat* gehouden omdat fotograferen of filmen niet is toegestaan op die dag.

Bij de *Kotel* in Jeruzalem kan het gebeuren dat dertienjarigen hun *bar mitswa* samen vieren met mannen van in de zeventig of tachtig. Zij waren tijdens de Holocaust niet in staat een *bar mitswa* te houden, en na al die lange jaren is hun droom toch verwezenlijkt.

Een Sjoa-overlevende en zijn kleinzoon vieren beiden hun *bar mitswa*

Netilat jadajiem
het ritueel wassen van de handen

Netilat jadajiem, ook *'majiem risjoniem'* genoemd, is het handenwassen waarbij vanuit een beker water over de handen wordt gegoten. Dit gebeurt altijd voor het eten van een maaltijd, onder het zeggen van een zegen. Deze zegen wordt niet uitgesproken als men ritueel onreine voorwerpen heeft aangeraakt, zoals b.v. lichaamsdelen, leren schoenen of een onrein dier of insect of na een bezoek aan het kerkhof.

De *Halacha* schrijft voor dat water, dat voor rituele reiniging wordt gebruikt, puur, ongebruikt, ongekleurd en zonder toevoegingen moet zijn.

Het water moet van vanuit een pul of vaas geschonken worden als een menselijke handeling, op basis van de Bijbelse referenties naar dit gebruik. Zoals bijvoorbeeld Eliza water uitgoot over de handen van Elijah. Het water moet op zijn minst twee keer over beide handen worden gegoten.

HOOFDSTUK 32

IDF-inwijdingsceremonie bij de *Kotel*

Het Israëlische defensieleger [IDF] is een volkskrijgsmacht. Er is een nationale militaire dienstplicht voor Joodse mannen en vrouwen boven de 18. Bedoeïen en Druzen kunnen ook in dienst treden. Uitzonderingen worden gemaakt op religieuze, fysieke of psychologische gronden, maar de meeste Joodse jongeren willen juist in het leger dienen. Mannen dienen drie jaar, en vrouwen twee.

Na indiensttreding beginnen alle soldaten met een drie maanden durende basistraining. Gedurende dit heftige proces van 'integratie' worden zij soldaten in plaats van burgers. Normaalgesproken vindt de inwijdingsceremonie plaats na het afsluiten van hun basistraining. Hoewel legerbases vaak hun eigen ceremonies hebben, zijn die bij de *Kotel* gehouden worden extra speciaal.
Op zo'n dag vullen soldaten, extra beveiligingsagenten en familieleden het plein voor de *Kotel* van de vroege morgen tot de avond.
In de namiddag stellen de eenheden zich in rijen op, terwijl opgewonden familieleden – vechtend om een plaats met goed zicht – buiten het afgezette terrein worden gehouden.

Hun enthousiasme onderdrukkend geven de soldaten acht, klaar om loyaliteit te zweren aan de IDF en de Israëlische Staat. Er volgen toespraken van gedecoreerde officieren en een legerrabbijn, en er worden liederen gezongen. Bij één zo'n gelegenheid sprak een kolonel het publiek toe met de woorden:
"Vandaag zweren we trouw aan het verdedigen van ons thuisland en we opereren vanuit deze toewijding. Er is geen plaats geschikter voor het zweren van loyaliteit dan de Kotel, een plaats die het oude met het nieuwe combineert en de diepte van onze verbinding met ons thuisland uitdrukt."
Voor de Westelijke Muur te staan met alle soldaten, hun families en de Israëlische vlaggen bezorgt menig bezoeker kippenvel. Het hoogtepunt van de ceremonie is wanneer de kolonel met luide stem voorleest:
"Ik zweer te beantwoorden aan de verwachtingen van mijn land en leger.
Ik zweer mijzelf te geven, onvoorwaardelijk, voor de verdediging van de Staat Israel.
Ik zweer de beste soldaat te zijn die ik kan zijn."
Als antwoord roept de ene compagnie na de andere luidkeels: *"Anie niesjba! Ik zweer het!"*

Het duurt een hele tijd voordat de laatste soldaat naar zijn commandant gerend is om zijn wapen en Tora of Bijbel in ontvangst te nemen. De ceremonie wordt afgesloten met het zingen van het *Hatikva* (De Hoop) – het nationale volkslied.
Familieleden die van heinde en ver naar Jeruzalem zijn gereisd zijn kunnen nu eindelijk 'hun soldaat' omhelzen.

De geschiedenis van het Hatikva

Risjon Letsion (Eerste in Sion) werd opgericht in 1882, met de hulp van Edmund de Rothschild. De naam van de nieuwe nederzetting was geïnspireerd door een zin uit Jesaja 41:27: *"De eerste zullen tegen Sion zeggen..."*
Naphtali Herz Imber schreef ter ere van deze oprichting een gedicht getiteld *Hatikva* – De Hoop. Samuel Cohen, een van de agrariërs, componeerde de muziek erbij.

Op 1 September 1939, aan het begin van de Tweede Wereldoorlog, arriveerde een schip met illegale immigranten aan de kust bij Tel Aviv. In het schijnsel van de Britse zoeklichten begonnen de 1.400 vluchtelingen op het vrachtschip het *Hatikva* te zingen:

"Zolang diep in zijn hart
de ziel van een Jood smacht,
en richting het oosten
een oog uitziet naar Sion.
Dan is onze hoop nog niet verloren,
die eeuwenoude hoop,
terug te keren naar het land
van onze vaders,
naar de stad waar David woonde."

Deze zogenaamde 'illegalen' die op de vlucht waren voor de Nazi's, werden door de Britten geïnterneerd in het Sarafand gevangenenkamp, ten noordwesten van het huidige Ramla.

Tijdens de Tweede Wereldoorlog stelden de Britten alles in het werk om de wanhopige Joodse vluchtelingen buiten Mandaat Palestina te houden. Sinds die tijd werd het *Hatikva* symbool voor het verlangen van het Joodse volk naar hun eeuwige Beloofde Land – Sion.

Op 14 mei 1948 werd *Hatikva* het officiële nationale volkslied en gezonden tijdens de inwijdingsceremonie van de Staat Israël.

Er werd een tweede vers aan toegevoegd:

"Onze hoop is nog niet verloren,
die hoop van tweeduizend jaar,
een vrij volk te zijn in ons land,
het land van Sion en Jeruzalem."

Tegenwoordig wordt het *Hatikva* nog steeds vol overgave gezongen; de melodie en woorden blijven de emoties van zowel Joden als christen-zionisten beroeren.

APPENDIX

VASTENDAGEN OP DE JOODSE KALENDER

DATUM	NAAM	REDEN	TIJDSDUUR
3 Tisjri	Vasten van Gedalja	herdenking moord op Gedalja (2 Koningen 25:25)	Zonsopgang tot zonsondergang
10 Tisjri	Grote Verzoendag	verzoening voor de zonden (Leviticus 26-32 etc.)	zonsondergang tot zonsondergang
10 Tevet	10e Tevet	Nebukadnezar belegert Jeruzalem (2 Koningen 25:1)	zonsopgang tot zonsondergang
13 Adar	Vasten van Esther	Van oudsher verbonden met vastendag, afgekondigd door Esther (Esther 4:16)	zonsopgang tot zonsondergang
14 Nisan	Vasten van de eerstgeborene *	gedenkt de laatste van de 10 plagen (Exodus 12:29)	zonsopgang tot zonsondergang
17 Tammoez	17e Tammoez	heeft betrekking op de bressen in de muren van Jeruzalem, geslagen door Nebukadnezar (Jeremia 39:2)	zonsopgang tot zonsondergang
9 Av	9e Av	heeft betrekking op de verwoesting van de tempel (2 Koningen 25:8-9)	zonsondergang tot zonsondergang

* Dit vasten vervalt meestal door het deelnemen aan de vreugdevolle afsluiting van de studie van een Talmoed Tractaat

JOODSE UITDRUKKINGEN

"*Ad mea ve'esrim!*" Op naar de 120!
(Omdat Mozes 120 werd).

"*Be ezrat haSjem!*" Letterlijk: $B''H$ ב"ה
met Gods hulp, of zo God het wil.

Besijata Disjmaja (Aramees) בס"ד *BS"D*
– met hulp uit de Hemel.
Hoewel het als acroniem niet genoemd wordt in de *Halacha*, wordt deze veel gebruikt boven geschreven documenten. We worden eraan herinnerd dat alles van God komt en dat zonder Gods hulp we niets kunnen doen wat eeuwigheidswaarde heeft.

BIKKOER CHOLIEM – zieken bezoeken

Een van de belangrijke opdrachten in de Joodse traditie is het bezoeken en bemoedigen van zieken en hen te helpen. Volgens de Talmoed neemt een bezoek aan een zieke persoon 1/60 van zijn ziekte weg. Aan de andere kant, als niemand een zieke persoon bezoekt, kan dit tot de dood leiden.

Rabbijn Eleazar de Grote schreef: *"Mijn zoon, sla nauw acht op het bezoeken van zieken, want wie hen bezoekt, helpt de ziekte te verminderen. Spoor hem aan zich te wenden tot zijn Schepper; bidt voor hem en vertrek dan. Laat je aanwezigheid geen last voor hem zijn, want hij heeft genoeg aan de last van zijn ziekte. Als je een zieke bezoekt, kom dan opgewekt binnen, want zijn ogen en hart zijn gericht op diegene die hem komen bezoeken."*

VERKLARENDE WOORDENLIJST (bron: 'Sofeer')

Ad mea weësriem – tot 120 jaar!

Adar - twaalfde maand van het joodse jaar, in februari-maart (9x: Est. 3:7 +, Ezra 6:15); zesde maand bij telling vanaf Rosj Hasjana

Afikoman - stuk matse dat vóór de sedermaaltijd ergens wordt verborgen, door de kinderen moet worden gezocht en waarmee vervolgens de maaltijd wordt afgesloten

Alija/alia - letterlijk: 'opgang'; 1. emigratie naar Israël; 2. het opgeroepen worden voor het lezen van de Tora emigratie naar Israël;

Ajien hara – 1. het boze oog (meestal in bezwerende formules); 2. 'bli ajin hara' (zonder het boze oog): afkloppen!

Aninoet – rouwperiode tussen overlijden en begrafenis

Arbaä miniem - letterlijk: 'vier soorten'; de plantenbundel of loelav die wordt gebruikt bij de viering van Soekot(2), bestaande uit een palmtak (loelav), drie mirtetakjes (hadasiem, hadas), twee wilgetakjes (aravot, arava) en een citrusvrucht (etrog)

Ark – heilige ark – Aron hakodesj – kast voor de Torarollen in de synagoge

Asjkenazi - Hoogduitse jood, jood afkomstig uit Midden- of Oost-Europa

Av - vijfde maand van het joodse jaar, in juli-augustus, elfde maand bij telling vanaf Rosj Hasjana

Aveloet - rouwperiode vanaf de begrafenis

Avinoe Malkenoe - letterlijk: 'Onze Vader, Onze Koning'; liturgisch gedicht voor de tien dagen van inkeer van Rosj Hasjana tot Jom Kipoer

Bat mitswa – letterlijk dochter van het gebod'; joods meisje van twaalf jaar, religieus meerderjarig

Bar mitswa – letterlijk: : 'zoon van het gebod'; joodse jongen van dertien jaar, religieus meerderjarig

Basjov – letterlijk: 'kom, zit' – Jiddisj. Sit-in. Kennismaking voor potentiele stelletjes in een openbare ruimte, b.v. een restaurant.

Bashert – iemands voorbestemde soulmate

Beet knesset – synagoge

Beet midrasj, beet hamidrasj – leerhuis, gewijd aan Torastudie

Beet olam – begraafplaats, ook: beet chajiem, beet kevarot, goetort, keiveroves, kever

Bima - verhoogd platform in de synagoge, waar de chazan staat en de Tora wordt voorgelezen.

Birkat Kohaniem - zegen door de *kohaniem (koheen)* in de synagoge (Num. 6:24-26) of tijdens Pesach en Soekot bij de Kotel.

Briet mila, briet hamila – besnijdenis

Chameets - het gezuurde, gegiste'; 1. gegist deeg van een van de vijf graansoorten van het oude Israël, genoemd in de halacha (tarwe, emerkoren, spelt, gerst en tweerijige gerst); 2. voedsel dat gegist deeg bevat (niet-geoorloofd tijdens *Pesach*)

Chanoekat habajit - inwijding van nieuw huis

Chanoeka – letterlijk: 'inwijding'; feest van de herinwijding van de tempel, dat acht dagen duurt en op 25 *kislev* begint; Nederlandse naam: Inwijdingsfeest

Chanoekia - *chanoeka*lamp, vaak een kandelaar, voor acht lichten plus een extra licht waarmee de andere worden aangestoken (*sjamasj*)

Chatan – bruidegom

Chatan Beresjiet - letterlijk: 'bruidegom van Beresjiet'; degene die op het feest van Simchat Tora de Tora opnieuw begint voor te lezen, bij Beresjiet (erefunctie)

Chatan Tora - 'bruidegom van de Tora'; degene die op het feest van Simchat Tora de Tora uitleest (erefunctie)

Chazan - voorzanger in de synagoge, die de dienst leidt

Chevra kadiesja - 'heilige vereniging' gezelschap van vrijwilligers, ook wel betaalde personen, die overledenen verzorgen voor de begrafenis

Choepa - baldakijn; huwelijksplechtigheid

Choemasj - letterlijk: 'vijftal'; Tora, de vijf boeken van Mozes, in de vorm van een gebonden boek

Chol hamoëed - letterlijk: 'gewone (dagen) van het feest'; de dagen tussen de eerste en de laatste dag van *Pesach* of de eerste en de laatste dag van *Soekot* (2), 'tussendagen'

Davvenen – (jiddisj) - bidden

Doechan - verhoogde ruimte voor de ark in de synagoge; priesterzegen door de *kohaniem (koheen)* vanaf die verhoging (Num. 6:22-26)

Drejdel - draaitolletje waarmee spelletjes worden gespeeld op *Chanoeka*

Eloel - zesde maand van het joodse jaar, in augustus-september (Neh. 6:15); twaalfde maand bij telling vanaf *Rosj Hasjana*

Erets Jisraël - het land Israël, in het bijzonder: joodse benaming van Palestina voor de Israëlische onafhankelijkheidsverklaring in 1948

Ezrat nasjiem - vrouwengalerij, vrouwenafdeling in de synagoge

Gartel - Jiddisch, gordel; Duits *Gürtel*, is een gordel die gedragen wordt door Chassidiem tijdens het gebed.

Galoet - ballingschap, diaspora

Geniza - plaats voor het bewaren van onbruikbaar geworden boeken die de vierletternaam van God bevatten en daarom niet weggegooid mogen worden

Halacha - het normatieve, voorschrijvende deel van de mondelinge Tora; één onderdeel uit dit normatieve deel; de hiermee verband houdende jurisprudentie

Haftara - letterlijk: 'afsluiting'; lezing uit de Profeten, volgend op de lezing uit de Tora

Haleel - lofzang; Psalm 113-118

Hakafa/hakafot - ommegang in de synagoge, bijv. met Torarollen op het feest van *Simchat Tora* of met *loelavs* op *Soekot* (2); ommegang op begraafplaats

Hamantasjen/Oznei Haman/Hamansoren – driehoekige *Poeriem*koekjes met vulling.

Havdala - 'scheiding' ; ritueel ter afsluiting van sjabbat of feestdag

Hatikva - letterlijk: 'de hoop'; het Israëlische volkslied

Hazkarat nesjamot - letterlijk: 'herdenking van de zielen'; gebed voor een of meer overledenen, bij herdenkingsdiensten in de synagoge of elders, o.a. in de ochtenddienst van *Jom Kipoer*, na de Toralezing

Hechal - tempel; ark (kast in de synagoge met de Torarollen)

Ijar - tweede maand van joodse jaar, in april-mei, achtste maand bij telling vanaf *Rosj Hasjana*

Isroe chag - 'bindt het feest vast'; benaming voor de dag na *Pesach, Sjavoeot* en *Soekot*

Jaartijd/jortsait - jaarlijkse herdenking van de sterfdag van een familielid;

Jad – letterlijk: 'hand'; aanwijzer bij het voorlezen van de Tora; gedenkteken

Jamiem noraïm - Ontzagwekkende dagen

Jesjiva – talmoedschool

Jichoed - 'enigheid, afzonderlijkheid'; eenheid, m.n. van God; afzondering van man en vrouw, m.n. na de huwelijksplechtigheid

Jom tov – feestdag

Jom Hazikaron – letterlijk: 'dag van het gedenken'; dag van 4 *ijar* waarop degenen worden herdacht die vielen in Israëls oorlogen, m.n. de onafhankelijkheidsoorlog, en in andere militaire acties; andere naam voor: *Rosj Hasjana*

Jom Kipoer – dag van verzoening - Grote Verzoendag, op 10 *tisjri,* dag van vasten en boetedoening; andere naam: *Jom Hakipoeriem*

Joveel – jubeljaar

Jubileeën - is een pseudepigraaf. Van oorsprong Joods boek, maar vnl. bekend in een tekstversie die later door christenen is aangevuld en bewerkt.

Kadiesj – Aramees- letterlijk: 'heilig'; Aramees(2) gebed waarin Gods naam wordt geheiligd, in verschillende vormen en op verschillende plaatsen voorkomend in de synagogedienst, o.a. aan het eind van elke dienst en voorafgaand aan het *Sjema*; ook gezegd bij begrafenis en dodenherdenking

Kabbala - letterlijk: 'ontvangst'; mystieke joodse leer, vanaf de 12de eeuw

Kala – bruid

Kapara/kaparot - verzoening; zoenoffer

Keria – scheuren van kleding tijdens de begrafenis

Ketoeba – huwelijkscontract

Kidoesj - heiliging; bepaalde ceremonie ter inwijding van sjabbat of feestdag

Kipa - kalotje (gedragen door religieuze mannen)

Koheen/Kohen - joods priester; nakomeling van joods priester (meervoud: *Kohaniem)*

Kosjer - Kasjeer - 'geschikt' ritueel geoorloofd, volgens joodse spijswetten bereid

Ketoeviem - Geschriften: derde deel van de Tenach (de Hebreeuwse Bijbel, het OT), bestaande uit de Bijbelboeken *Tehiliem (*Psalmen), *Misjlee* (Spreuken), *Iov* (Job), *Sjier Hasjiriem* (Hooglied), *Roet* (Ruth), *Echa* (Klaagliederen), *Kohelet* (Prediker), Ester, *Danieel* (Daniël), Ezra, *Nechemja* (Nehemia), en *Divree Hajamiem* (Kronieken)

Kislev - negende maand van het joodse jaar, in november-december (Zach. 7:1, Neh. 1:1); derde maand bij telling vanaf *Rosj Hasjana*

Kol Nidree - 'alle geloften'. Gebed waarmee de dienst van *Jom Kipoer* begint; naam van het begin van de avond van de grote verzoendag

Lag Baomer - de 33ste dag van de omertelling op 18 *ijar*, feestdag waarop de rouw van de omertijd wordt onderbroken, omdat volgens de traditie op die dag de pest ophield waaraan een groot aantal leerlingen van rabbi Akiva stierven

Lechajiem! – Letterlijk: op het leven. Proost! (wens wanneer men iemand toedrinkt)

Loelav - palmtak, een van de vier soorten planten (arbaä miniem) in de plantenbundel die wordt gebruikt op *Soekot* (2); plantenbundel die wordt gebruikt op *Soekot*

Maftier - letterlijk: 'afsluiter'; afsluitende verzen van de Toraperikoop in de synagoge; degene (voor wie deze verzen worden gelezen en) die de lezing uit de Profeten (*haftara*) doet

Mapa – 1. lange smalle doek waarmee de twee delen van de Torarol bijeengehouden worden; 2. tafellaken; 3. Wandkaart

Megilat Ester - letterlijk: '(boek)rol van Ester'; boekrol met het Bijbelboek Ester, dat wordt gelezen tijdens *Poeriem*;

Mechietsa - scheidswand (ook overdrachtelijk), in het bijzonder in de synagoge tussen mannen en vrouwen

Mezoeza - letterlijk: 'deurpost'; kokertje aan deurpost met teksten uit het Bijbelboek Deuteronomium, om te herinneren aan de geboden

Mikve - ritueel bad, ritueel badhuis

Minjan - quorum van tien mannen dat nodig is voor bepaalde gebeden en daarmee ook voor een synagogedienst

Mitswa/mitswot - gebod; goede daad; erefunctie in de synagoge; begrafenis (Portugees-Israëlitisch)

Misjna - oudste, maatgevend geworden verzameling van *halachot (halacha)*, samengesteld ca. 200 door Rabbi Jehoeda Hanasi

Misjloach manot - letterlijk: 'het zenden van porties' (Est. 9:19,22); geschenken (lekkernijen) die men elkaar stuurt op *Poeriem*

Moheel – besnijder

Nesiat kapajiem – letterlijk: opheffing van de handen, tijdens de priesterlijke zegen

Netilat jadajim - het ritueel wassen van de handen

Neviiem - Profeten: tweede deel van de Tenach (de Hebreeuwse Bijbel, het OT), bestaande uit de Bijbelboeken *Jehosjoea* (Jozua), *Sjoftiem* (Rechters of Richteren), *Sjmoeëel* (Samuel), *Melachiem* (Koningen), *Jesjajahoe* (Jesaja), *Jirmejahoe* (Jeremia), *Jechezkeel* (Ezechiël), *Hosjea* (Hosea), *Joëel* (Joël), Amos, *Ovadja* (Obadja), Jona, Micha, *Nachoem* (Nahum), *Chavakoek* (Habakuk), Tsefanja (Sefanja), Chagai (Haggai), *Zecharja* (Zacharia) en *Malachi* (Maleachi)

Neviiem risjoniem - de Bijbelboeken *Jehosjoea* (Jozua) t/m *Melachiem* (Koningen) in de Tenach (OT)

Nida - menstruerende vrouw; staat van onreinheid, m.n. van menstruerende vrouw

Nisan - eerste maand van het joodse jaar, in maart-april (Est. 3:7, Neh. 2:1); zevende maand bij telling vanaf *Rosj Hasjana*

Olee chadasj –nieuwe immigrant in Israel

Omer - letterlijk: 'garve, schoof'; garve, schoof (8x: Lev. 23:10 +, Deut. 24:19, Job 24:10, Rt. 2:7, 2:15); in het bijzonder offer van een schoof gerst dat in de tempel gebracht werd op de tweede dag van *Pesach* (zie Lev. 23:10-12); omertijd, de 49 dagen tussen het brengen van de omer-1 op *Pesach* en *Sjavoeot* (het zogeheten 'omer tellen', zie Lev. 23:15-16); deze tijd geldt als periode van halve rouw, omdat volgens de traditie daarin een groot aantal leerlingen van rabbi Akiva stierf aan de pest. *Omer*: letterlijk: afleiding van het woord voor 'garve, schoof'; inhoudsmaat voor koren; een omer is een tiende efa volgens Ex. 16:36 (6x: Ex. 16:16 +)

Pidjon haben - letterlijk: 'loskoping van de zoon'; ritueel bij de eerstgeboren zoon, dertig dagen na diens geboorte (Num. 18:15)

Poer - letterlijk: in het Akkadisch 'lot'; lot waarmee Haman bepaalt wanneer de Joden worden omgebracht (Est. 3:7, 9:24, 9:26)

Poeriem - letterlijk: meervoud van 'poer'; Lotenfeest. Feest waarbij de Joden vieren dat ze niet meer door vijanden als Haman(2) worden bedreigd, op 14 *adar* buiten de steden en op 15 *adar* in de steden (5x: Est. 9:26 +)

Raäsjan – ratel tijdens *Poerim*

Rosj chodesj - 'hoofd van de maand', eerste dag van joodse maand

Rosj Hasjana - joods nieuwjaar, op 1 en 2 *tisjri*; andere namen: *Jom Hadien, Jom Hazikaron, Jom Troea*; traktaat in het *Misjnadeel Moëed*, over *Rosj Hasjana*; traktaat in de Talmoed *Jeroesjalmi* en de Talmoed Bavli, over hetzelfde onderwerp

Sandak (sandek) - degene die het kind bij besnijdenis op de knieën houdt

Segoela – Het woord komt voor in Exodus 19:5 en Deuteronomium 7:6, waar God het Joodse volk beschrijft als Zijn 'segoela' – schat, kostbaarheid. De wortel van het woord – segol – is de naam van de drie puntjes die onder een Hebreeuwse letter staan en een klinker aanduiden.

Sefardi - jood uit Portugal, Spanje, Noord-Afrika of het Midden-Oosten

Sioem - letterlijk: 'beëindiging, afsluiting'; afsluiting van een traktaat

Sjadchen – huwelijksmakelaar (matchmaker)

Sjamasj - letterlijk: 'dienaar'; 1. koster van joodse gemeente; 2. extra licht op een chanoeka-lamp (chanoekia) waarmee de acht andere lichten worden aangestoken

Sjidoech – 1. Het arrangeren van een huwelijk; 2. de relatie die daardoor tot stand komt

Simcha - vreugde; feest

Simchat beet Hasjoëva – Plengoffer van water tijdens Soekot.

Simchat Tora - 'vreugde van de Tora', feestdag op 23 tisjri, aan het eind van Soekot (2), waarin de jaarlijkse cyclus van Toralezingen wordt afgesloten en opnieuw wordt begonnen; Nederlandse benaming: Vreugde der Wet

Sjabbesgoj - niet-jood die op sjabbat vuur en licht in joodse huizen verzorgt

Sjavoeot - 'weken'; Wekenfeest op 6 en 7 sivan, genoemd naar de zeven weken die worden geteld vanaf Pesach (Lev. 23:15-16); andere benamingen: Atseret, Chag Habikoeriem

Sjavoea tov! - een goede week! (wens bij afsluiting van de sjabbat)

Sjemita – sjabbatsjaar

Sjevat - elfde maand van het joodse jaar, in januari-februari (Zach. 1:7); vijfde maand bij telling vanaf Rosj Hasjana

Sjiva – letterlijk 'zeven'; rouwperiode van zeven dagen na de begrafenis van een familielid

Sjoa - letterlijk: 'vernietiging'; de vervolging en vermoording van joden in de Tweede Wereldoorlog; aan het Engels ontleende term: Holocaust

Sjoesjan Poerim - viering van Poeriem in ommuurde steden op 15 adar (elders op 14 adar)

Sjofar – ramshoorn

Sjomeer - bewaker; controleur van kasjroet

Soefgania/soefganiot - met jam gevulde oliebol gegeten tijdens het chanoekafeest

Soeka – loofhut

Soekot - letterlijk: 'hutten'; Loofhuttenfeest, op 15-21 tisjri, ter herdenking van de tocht door de woestijn, toen het volk in hutten leefde (Lev. 23:39-43); andere benamingen: Chag; Chag Haäsief

Talliet – gebedsmantel

Talliet katan - klein gebedskleed

Talmoed - leer', verzameling van de amoraïtische discussies bij de Misjna, bestaand uit Misjna en Gemara samen;

Tammoez - vierde maand van het joodse jaar, in juni-juli, tiende maand bij telling vanaf Rosj Hasjana

Tasjliech - letterlijk: 'het wegwerpen (van de zonden)'; een ceremonie op Rosj Hasjana, waarbij men symbolisch zijn zonden in stromend water wegwerpt en daarbij o.a. Micha 7:18-20 zegt.

Tefila (tefilot) - gebed; gebedenboek

Tefilien – gebedsriemen

Tevet - tiende maand van het joodse jaar, in december-januari (Est. 2:16); vierde maand bij telling vanaf *Rosj Hasjana*

Tisja be Av - 9e van de maand *av* – treurdag

Tisjri - zevende maand van het joodse jaar, in september-oktober, eerste maand bij telling vanaf *Rosj Hasjana*

Toe beav – - de 15e dag (*tet*= 9; *wav*= 6; 9+6=15) van de Hebreeuwse maand *av*

Toe Bisjvat - letterlijk: 'vijftien *sjevat*'; het nieuwjaarsfeest van de bomen, op 15 *sjevat,* waarbij het begin van het nieuwe landbouwjaar wordt gevierd

Tora -'onderwijzing, leer'; de vijf boeken van Mozes, de eerste vijf boeken van de Bijbel; de Wet (chr. benaming); de overgeleverde leer als geheel, de joodse godsdienstige literatuur als geheel

Tsedaka - gerechtigheid, liefdadigheid; daad van gerechtigheid, daad van liefdadigheid

Tsenioet - letterlijk: ingetogenheid

Tsietsiet - gedenkkwast met schouwdraden aan de vier hoeken van het gebedskleed (*talliet*; zie Num 15:37 -39 en Deut. 22:12)

Zichrono livrecha - zijn nagedachtenis zij tot zegen; afkorting: *z.l.*

LITERATUURLIJST

◊Alexander, Pat (ed). *THE LION ENCYCLOPEDIA OF THE BIBLE*. Oxford: Lion Publishing, 1978. Print.
◊Benjamin, Don C., and Victor H. Matthews. *Social World of Ancient Israel: 1250-587 BCE*. Peabody Massachusetts: Hendrickson Publishers, 2005. Print.
◊Edersheim, Alfred. *Sketches of Jewish Social Life: Updated Edition*. Peabody Massachusetts: Hendrickson Publishers, 1994. Print.
◊Edersheim, Alfred. *Bible History Old Testament: New Updated Edition*. Peabody Massachusetts: Hendrickson Publishers, 1995. Print.
◊ *Eyewitness Guides: Bible Lands (Collins Eyewitness guides)*. Sydney: Angus & Robertson, 1991. Print.
◊Gilbert, Martin. *Israel: a history*. New York: Morrow, 1998. Print.
◊Gower, Ralph. *The New Manners & Customs of Bible Times*. Chicago: Moody Publishers, 2005. Print.
◊Harold, Victor Matthews;. *Manners and Customs in the Bible*. Peabody, Massachusetts: Hendrickson Publishers Inc, 1991. Print.
◊Hudson, Angus. *The world of the Bible*. Carlisle, Cumbria: Candle Books, 1999. Print.
◊Hudson, Angus. *Life in Bible times*. Carlisle, Cumbria: Candle Books, 1999. Print.
◊K., R., and Harrison. *Old Testament Times: A Social, Political, and Cultural Context*. Grand Rapids, Michigan: Baker Books, 2005. Print.
◊Miller, Madeleine S., and John Lane Miller. *Harper's encyclopedia of Bible life*. Third rev. ed. San Francisco: Harper & Row, 1978. Print.
◊Renberg, Dalia Hardof. *The complete family guide to Jewish holidays*. New York: Adama Books, 1985. Print.
◊S., Madeleine, and J. Lane Miller. *HARPER'S ENCYCLOPEDIA OF BIBLE LIFE*. New York: Harper & Row, 1971. Print.
◊SNELL, Daniel C.. *Life in the Ancient Near East: 3100-332 B.C.E.* New York: Yale University Press,, New Haven:, 1997. Print.
◊Vamosh, Miriam Feinberg. *Women at the time of the Bible*. Herzlia, Israel: Palphot, 2007. Print.
◊Wigoder, Geoffrey. *The Encyclopedia of Judaism*. New York: Macmillan; 1989. Print.
◊Internet: Wikipedia; Chabad.org; and misc. websites.

 MLA formatting by BibMe.org.

"*Tsur Tsina* " is de Hebreeuwse combinatie van twee namen: **TSUR** betekent rots (Petra) en **TSINA** betekent schild (Wim). Onze uitgeverij heet daarom **Tsur Tsina Publicaties.** Als Christenen hebben we ons leven op de Rots, Christus, gebouwd. De Heere God is ons schild. Sinds 1989 hebben we het voorrecht om in Jeruzalem, Israël, te wonen en werken.

Wij zijn maar een kleine uitgeverij met een groeiend aantal titels, fictie en non-fictie voor volwassenen en kinderen. De meerderheid van de boeken zijn door Petra geschreven. Wij doen ook de opmaak van de boeken, die bij Printiv, een lokale drukker in Jeruzalem worden gedrukt. Verder werken wij ook met de print-on-demand services van Lulu.com. Meer en meer auteurs benaderen ons met het verzoek hun boek te publiceren, of te schrijven – tegen betaling uiteraard. De boeken die wij uitgeven moeten met Isarel te maken hebben, de Sjoa, en een joods, Christelijk of judeo-Christelijk of Christen-zionistisch thema hebben. Wilt u meer weten, schrijf dan naar email: tsurtsinapublications@gmail.com

"Gewoon doen!" is het levensverhaal van een meervoudig gehandicapt Arabisch pleegkind dat in een Christelijk gezin in Jeruzalem, Israel opgroeit. Gedurende de twaalf jaar dat hij bij de van der Zande familie woont, laat Na'il (betekent 'verwerver') de zogenaamde 'gezonde' mensen zien dat fysieke beperkingen een uitdaging zijn om overwonnen te worden, door het "Gewoon te doen!" De 'Kleine Prins' wordt op veertienjarige leeftijd Thuis gehaald. Dit boek gaat ook over het belang van rouwverwerking. Inclusief zwartwit foto's.

Te bestellen via website: www.lulu.com

Een praktisch boekje dat gebruikt kan worden om iedere dag van het jaar de Stad van de Grote Koning, Jeruzalem, te zegenen d.m.v. bijbelteksten uit Het Boek. Inclusief vele zwart-wit foto's en ruimte om aantekeningen te maken.

Te bestellen via website: www.lulu.com

Vijftien jaar is Harry Klafter als de Tweede Wereldoorlog uitbreekt. Tijdens een vluchtpoging wordt zijn vader door de Gestapo gevangengenomen, zijn broer Freddy duikt onder en Harry en zijn moeder krijgen te horen dat ze naar Westerbork moeten. In september 1944 ontsnapt Harry met zijn broer uit Westerbork. Alleen zijn moeder keert na de oorlog uit Theresienstadt terug; zijn vader is in Auschwitz vermoord. Via de 'illegale' immigratie komt Harry in 1946 in Mandaat Palestina terecht. Als Haganah soldaat beleeft hij allerlei hachelijke avonturen tijdens de Onafhankelijkheidsoorlog. Harry Klafter wordt Zvi Eyal. Hij studeert geneeskunde en wordt later chirurg.

Te bestellen via website: www.lulu.com

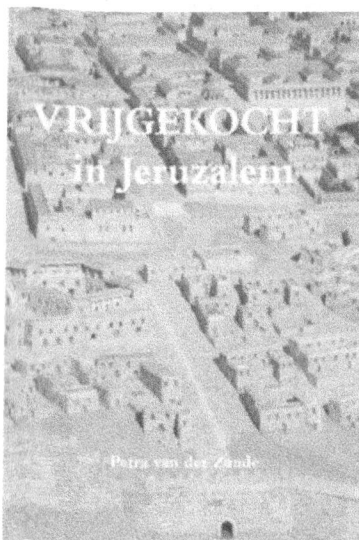

Historische jeugdroman in AD 25 voor 9-12 jarigen over de zoon van een Joodse pachtboer uit Zippori (Galilea) die gebukt gaat onder de Romeinse overheersing. Jakob komt als slaaf in Jeruzalem terecht, waar hij door een Esseen wordt vrijgekocht.

Te bestellen via website: www.lulu.com

Deze Bijbels-Historische roman speelt zich af rond het jaar 1000 v.Chr. Koning Salomo begint met de bouw van de Tempel in Jeruzalem, Israel. Hij wordt daarbij geholpen door Huram Avi, een meester vakman uit Tyrus, Phoenicie. Huram maakt de bronzen voorwerpen in de omgeving van Zarethan en Sukkot, vlakbij de Jordaan rivier.

Te bestellen via website: www.lulu.com

www.ingramcontent.com/pod-product-compliance
Lightning Source LLC
Chambersburg PA
CBHW081418270326
41931CB00015B/3325